W0066104

Ingrid Schade

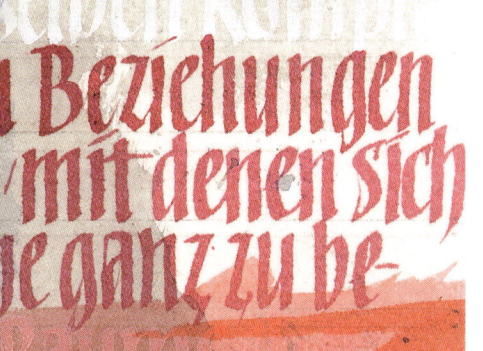

Gestalten mit Schrift

Kalligraphie

FALKEN

Inhalt

Warum wir schreiben sollten

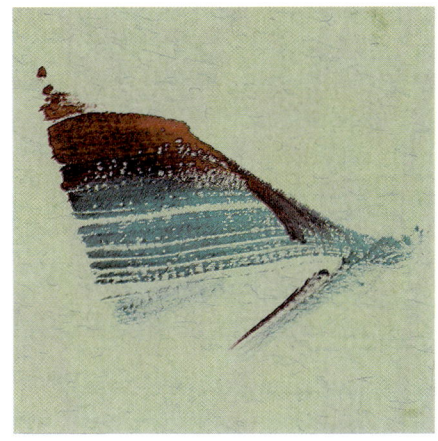

Spielen

Üben

Gestalten

Die Menschen sind, seit sie eine ganz ursprüngliche Lebensweise hinter sich gelassen haben, auf Schrift angewiesen. Schrift ermöglicht, Kenntnisse zu verbreiten, Wissen über Generationen weiterzugeben, und sie leistet dies viel genauer als das gesprochene Wort. Schrift hilft, sich zu erinnern. Sie reicht über unseren persönlichen Lebenskreis hinaus und erweitert so die Möglichkeiten der Kommunikation. Etwas schriftlich festzuhalten bedeutet aber auch den Zwang zur Reflexion des Gedachten und zur Genauigkeit der Formulierung. Schrift hilft also, Gedanken zu bewahren, sie mitzuteilen und sich dabei auf das Wesentliche zu konzentrieren.

Diese Aufgaben können heute von Maschinenschriften perfekt übernommen werden. Sie ergeben ein sachliches, neutrales und anonymes Bild. Handschrift sollte dagegen auch bei sorgfältiger Schreibweise stets einen Hinweis auf die Person des Schreibers übermitteln. Gerade hierin liegt der Unterschied zu Druckschriften und ein wichtiger Grund zum Schreiben. Es ist die individuelle Ausdrucksform, die uns voneinander unterscheidet. Darüber hinaus kann Handschrift den Inhalt von Texten sichtbar machen – und dies sensibler und vielfältiger, als es die standardisierten Maschinenschriften vermögen. Handschrift kann den Inhalt der Worte ins rechte Licht rücken, eine bestimmte Interpretation vor-

nehmen, sogar den Geist der Worte verbildlichen, vorausgesetzt, der Schreiber beherrscht sein Handwerk und hat sich mit dem Text wirklich auseinandergesetzt. Schrift hat eine eigene Sprache, unabhängig von der Lesbarkeit der geschriebenen Worte. Zum Schreiben in diesem Sinne gehört mehr als die Fertigkeit, schöne Buchstaben ästhetisch befriedigend auf einem Blatt Papier anordnen zu können.

Schönschriften zu erlernen, bestimmte Schriftarten zu beherrschen ist jedoch ein unerläßlicher Zwischenschritt zu diesem Ziel, ähnlich den Übungen eines Musikers. Ihnen Kenntnisse in Kalligraphie und die Fertigkeit zu ihrer Ausführung vermitteln, das ist das Anliegen dieses Buches.

Darüber hinaus in Bereiche gelangen zu wollen, in denen Schreiben wie Zeichnen oder Malen ein kreativer künstlerischer Prozeß wird, erfordert noch mehr: intensive, selbständige Beschäftigung mit allen erdenklichen gestalterischen Mitteln, Infragestellen von Gewohntem, Suche nach Niegesehenem. Dann wird Schreiben zu einer echten „Handschrift".

Im Aufbau dieses Buches folge ich weitgehend den Unterweisungen, die Professor Martin Andersch den Studenten und Studentinnen seiner Schriftkurse an der Fachhochschule für Gestaltung in Hamburg vermittelte und an denen ich teilnehmen durfte.

Ingrid Schade.

Schreibspuren

Handschrift

Die meisten Schreibkarrieren finden nach den ersten Schuljahren, in denen mehr oder weniger mühsam eine gewisse Fertigkeit im Schönschreiben erworben wurde, ein zumindest vorläufiges Ende: Sofern die Schrift, die wir Lehrern, Eltern, allenfalls noch Brieffreunden präsentierten, nur leserlich und halbwegs ordentlich war, gab es keinerlei pädagogische Bemühungen mehr um die Kultivierung und Ausprägung unserer Handschrift.

Die lateinische Schrift, die an unseren Schulen unterrichtet wird, ist nur ein kläglicher Rest europäischer Schreibtradition: entsprechend dürftig das Ergebnis, wenn die Übungen zu früh abbrechen. Mangelhafte Ausformung der Handschrift wird dann allzu schnell als ganz persönliche Ausdrucksform ausgegeben und fest verteidigt.

Unsere Schreibgewohnheiten haben sich zum Teil weit von den traditionellen entfernt. Wir benutzen Handschrift fast nur noch für Notizen und schreiben deshalb viel zu schnell und zu nachlässig. Wir haben uns Unarten angewöhnt wie falsches Sitzen und Schräglegen des Papiers; durch ungleichmäßige Schriftrichtung, mangelhafte Blattaufteilung und falsches Schreibgerät bleiben die Ergebnisse unbefriedigend. Diese Angewohnheiten und die ungenügende Schulung unserer Augen für gute Schriftformen stehen dem immer mal wieder auftauchenden Wunsch entgegen, zu einer besseren Handschrift zu kommen oder traditionelle Schriftarten der Kalligraphie zu erlernen.

Gotische Kursive

Humanistische Kursive

Humanistische Kursive

Deutsche Schreibschrift

Lateinische Schreibschrift

Vereinfachte Ausgangsschrift

Alltagshandschrift

Die oben gezeigten Handschriften sind, bis auf die letzte, sorgfältig geschriebene Grundmuster, wie sie als Vorlagen zum Schreibenlernen benötigt werden.
Es gab von diesen Schriften natürlich stets auch flüchtiger geschriebene Ausführungen, wie im unteren Beispiel meiner Alltagshandschrift deutlich wird. Ich habe die lateinische Schreibschrift in der Schule gelernt. Heute wird teilweise eine Variante davon unterrichtet, die vereinfachte Ausgangsschrift

Die Materialspuren wurden auf folgende Weise erzeugt:
Oben links: Pappstreifen und Tempera
Seite 9 oben links: Fingerspitze und Tinte
Daneben: unterschiedliche Pinsel und Aquarellfarben
Darunter: Samenkapsel und Aquarellfarbe
Darunter: Buntstift
Unten links: Schabspuren eines flachen Metallstreifens auf blauer Wachsfarbe, darunter eine Schicht weißer Farbe
Unten rechts: Wachskreiden

Materialspuren und schriftähnliche Formen

Es gilt also zuerst – vor aller Beschäftigung mit Schriften –, sich von falschen Schreibgewohnheiten freizumachen. Das geschieht am besten durch zwangloses Spielen mit schriftähnlichen Formen und unterschiedlichen Materialien. Dadurch können Experimentierfreude und Vergnügen am Schreiben geweckt werden. Später, wenn Sie „richtig" schreiben gelernt haben, können Sie versuchen, die handwerkliche Fertigkeit und die spielerische Erfahrung miteinander zu selbständiger kreativer Gestaltung zu verbinden. Dadurch werden Sie in Ihren Arbeiten eine ganz persönliche „Handschrift" erlangen.

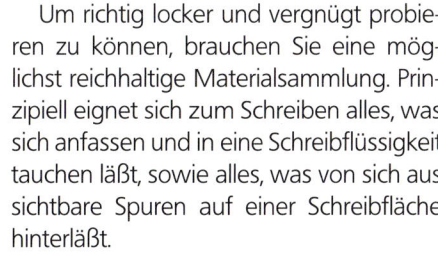

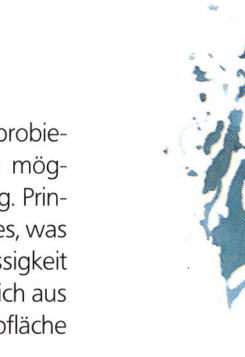

Um richtig locker und vergnügt probieren zu können, brauchen Sie eine möglichst reichhaltige Materialsammlung. Prinzipiell eignet sich zum Schreiben alles, was sich anfassen und in eine Schreibflüssigkeit tauchen läßt, sowie alles, was von sich aus sichtbare Spuren auf einer Schreibfläche hinterläßt.

Ein paar Vorschläge zu Schreibgeräten für Ihre Sammlung: Kreiden und Stifte, verkohlte Holzstücke, Ziegelbrocken, Stöcke, Federn, Pflanzenteile, Muscheln, Kammstücke, Drahtbündel, Pappstreifen. Aber auch alle herkömmlichen Schreibgeräte, wie Metall-, Kiel- und Rohrfedern, Pinsel in allen Ausführungen, Filzstifte und Füllhalter gehören dazu.

Schreibflüssigkeiten können sein: Tinte, Tusche, Aquarellfarbe, feine Tempera, Tee, Rotwein, Pflanzensaft, Lackfarbe, Holzteer, mit Wasser angerührte Erde und vieles andere mehr.

Als Schriftträger eignen sich Papiere, Pappen und Bretter sowie Platten aus jeglichem Material. Es sollten besonders Packpapiere, auch gebrauchte, rauhe und glatte in unterschiedlichen Formaten zur Hand sein.

Aus dieser Sammlung werden Sie bald einige Materialien besonders gern verwenden, andere als für Sie ungeeignet aussortieren. Ich habe mich auf wenige Beispiele beschränkt, um die Möglichkeiten dieses Buches nicht zu sehr zu strapazieren, hoffe aber, Sie trotzdem zu ausgedehnten eigenen Versuchen anregen zu können.

Rhythmische Versuche

Schreiben ist im wesentlichen eine rhythmische Aneinanderreihung von variierten Grundelementen. Das erkennt man am besten, wenn man Buchstaben- und Wortbedeutung beiseiteschiebt und sich dem freien Spiel der Formen überläßt.

Das klingt viel einfacher, als es ist: Versuchen Sie zu schreiben wie ein Kind, das noch nicht schreiben gelernt hat, aber diese Tätigkeit der Erwachsenen mit Hingabe nachahmt. Überlassen Sie sich rhythmischen Schwüngen, spontanen Einfällen und Bewegungen. Wechseln Sie das Tempo, lassen Sie sich von Ihren Stimmungen leiten. Üben Sie bei Musik, und versuchen Sie, Zufallsergebnisse zu wiederholen und abzuwandeln. Probieren Sie dabei die ungewöhnlichsten Schreibgeräte aus. Beachten Sie die Verteilung der Zeichen auf dem Blatt, und versuchen Sie, spannende Anordnungen zu erzielen.

Bewahren Sie alle Experimente mit Datum und in numerierter Folge auf. Erst viel später, mit dem Hintergrund von Erfahrung im Schreiben, sollten Sie die Stapel nach den besten Ergebnissen durchsehen und diese als Fundus für Schriftgestaltung nutzen.

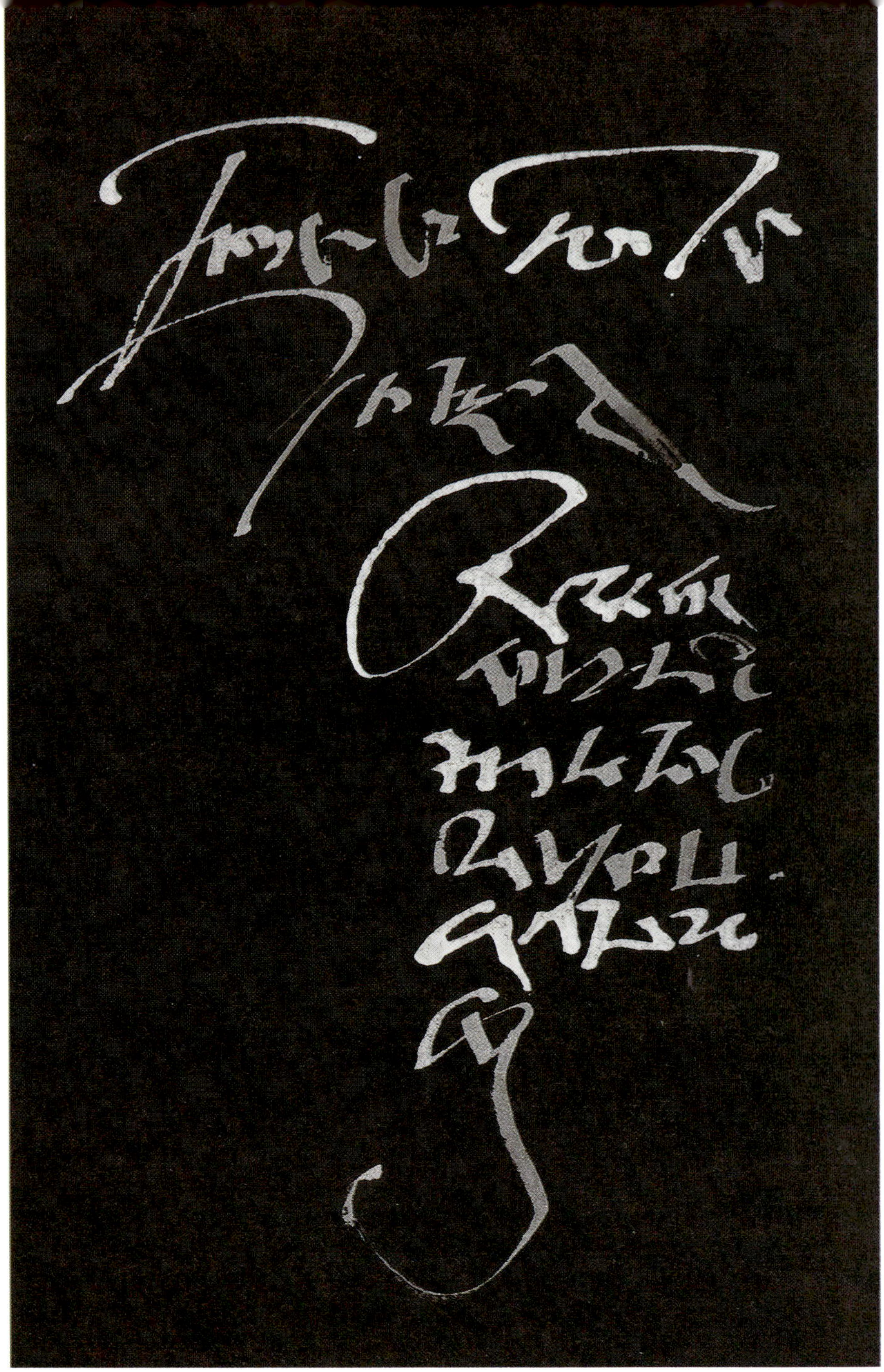

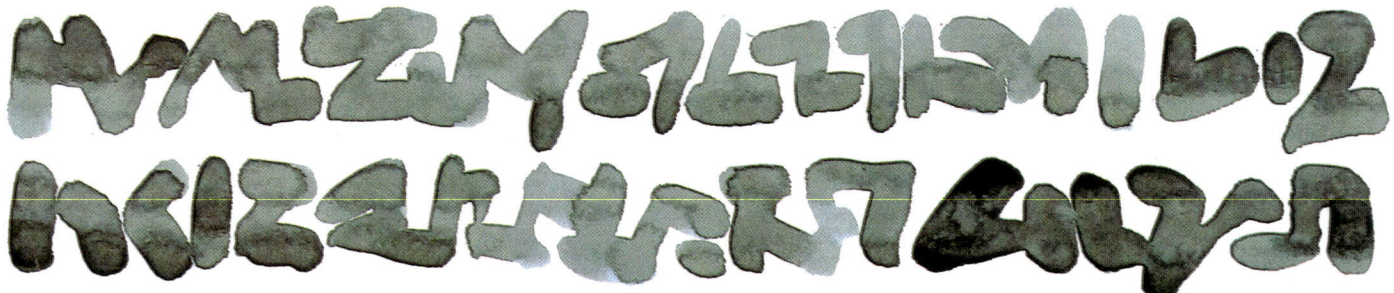

Seite 10 oben links: Spuren eines trockenen
Gras-Fruchtstandes und Tempera
Daneben: abgebrochener Zweig und
Acrylweiß
Unten: Pappstreifen und Tinte
Seite 11 oben: Rundpinsel und Aquarellfarbe
Unten: trockener Grashalm und
Aquarellfarbe

Schreibfläche

Papier ist zum Schreiben selbstverständlich am besten geeignet. Bei fortgeschrittener Fertigkeit sollten Sie aber auch mit anderen Materialien, wie Stoff, Gips-, Metall- oder Holztafeln, experimentieren.

Papierqualitäten

Über Papier muß einiges gesagt werden, damit Sie die verschiedenen Qualitäten Ihrer Gestaltungsabsicht entsprechend einsetzen können. Zum Beispiel kann Papier Säure enthalten, wodurch sich sowohl seine Färbung als auch die der aufgetragenen Farben im Lauf der Zeit stark verändern kann. Sie sollten also säurefreie Papiere bevorzugen. Ferner ist auf Lichtbeständigkeit zu achten, wenn Ihre Arbeiten dem Tageslicht ausgesetzt sein werden. Bei hellen Papieren aus Hadern, also Hanf-, Leinen- und Baumwollfasern, können Sie Lichtechtheit voraussetzen.

Bei allen Papiersorten, die Ihnen unbekannt sind, besonders bei farbigen Papieren, empfiehlt sich folgende Probe: Ich lege Stücke solcher Papiersorten halb abgedeckt mehrere Wochen lang ins Tageslicht. Vergleiche ich dann beide Papierhälften, sind auch leichte Veränderungen schon gut zu erkennen.

Man kann die Bleichwirkung des Lichtes aber auch als Gestaltungsmittel einsetzen: Ich besitze ein Schriftblatt aus Packpapier, dessen Färbung über die Jahre immer schöner geworden ist und einer goldenen Patina ähnelt.

Für die ersten kalligraphischen Übungen verwenden Sie am besten gutes, zart kariertes Papier in einem DIN-A4-Heft. Dickere Blöcke sind nicht geeignet, weil die Hand über den Rand abrutschen würde. Später können Sie dann Schreibpapiere von guter Qualität und Zeichenpapiere mit fester, nicht zu rauher Oberfläche nehmen. Gut geeignet sind leichtes, glattes Maschinenbütten und Ingrespapiere, die es in unterschiedlichen Qualitäten und Preislagen gibt. Übungsblätter sollen hell sein, damit Sie die Konturen der Buchstaben kontrollieren können. Auch lassen sich darauf das Blasserwerden der Schrift bei abnehmender Farbmenge und die lebendigen Schattierungen trocknender Aquarellfarben gut beobachten. Für anspruchsvolle Arbeiten gibt es sehr schöne Büttenpapiere, stets aus Hadern hergestellt und kenntlich am charakteristischen, leicht fransigen Wellenrand. Auf solchem Papier lassen sich alle denkbaren Schreibmaterialien ausgezeichnet verarbeiten. Es sollte aber immer auf eine feste, nicht zu rauhe Oberfläche geachtet werden. Das Material darf die Farben nicht zu sehr aufsaugen. Schwach strukturierte Aquarellpapiere eignen sich ebenfalls gut zum Schreiben.

Papierstärken und DIN-Formate

Die Dicke eines Papieres läßt sich aus der Maßangabe des Gewichtes pro Quadratmeter ableiten: 50 g/m² ist Seidenpapier, Briefpapier wiegt 80–90 g/m², Büttenpapiere können zwischen 80 und 300 g/m² schwer sein, über 300 g/m² wiegen Kartons. Dünne Papiere werden beim Beschreiben mit einer Flüssigkeit wellig und eignen sich schlecht für Korrekturen.

Die Papiergröße wird oft in DIN-Bezeichnungen angegeben. Häufige DIN-Maße sind: die Postkarte (A6) mit 10,5 x 14,8 cm, das halbe Briefblatt (A5) mit 14,8 x 21 cm, das Briefblatt (A4) mit 21 x 29,7 cm, das Doppelblatt (A3) mit 29,7 x 42 cm und das Kleinplakat (A2) mit 42 x 59,4 cm.

Seite 14 oben: Übungspapiere (Pack-, Karo- und Schreibmaschinenpapiere)
Mitte: Bütten (handgeschöpft, Maschinenbütten, Ingres)
Unten: farbige Papiere (Ingres in Schwarz und Dunkelblau, Fabriano in Weiß, Beige, Braun und Hellblau)

Schreib-flüssigkeit

Wie schon bei den spielerischen Versuchen können Sie auch für kalligraphische Arbeiten unter vielen verschiedenen Flüssigkeiten wählen. Schon bei den Bemerkungen über Papiere habe ich darauf hingewiesen, daß für Schreibübungen unbedingt auf Schärfe der Konturen geachtet werden muß. Mit den gewählten Schreibflüssigkeiten müssen sich außerdem hauchdünne Haarstriche ausführen lassen. Hierfür eignen sich viele dünnflüssige Tinten und Tuschen und besonders gut feinpigmentierte Aquarellfarben, die in destilliertem Wasser gelöst werden.

Nun gibt es grundlegende Meinungsverschiedenheiten unter Schreibern über die Frage, ob Buchstaben stets vollständig deckend oder besser lasierend, das heißt durchscheinend, zu schreiben seien.

Ich meine, daß beide Möglichkeiten ihre Berechtigung haben. Wenn man zu Perfektion neigt und möglichst wenige Zufallsergebnisse erhalten will, wird man Tusche oder Tempera benutzen: Dann zeigt sich die Handschrift als Verwandte der Druckschrift und wird, am deutlichsten bei der Verwendung von Schwarz, besonders gut reproduktionsfähig. Hier ist auch die zeichnerische Überarbeitung von geschriebenen Buchstaben einzuordnen. Die Perfektion der Schrift muß sich dann an den Kriterien für gute Drucktypen messen lassen.

Betont man dagegen mehr den persönlichen Ausdruck von Schrift und den spontanen, spielerisch gestaltenden Aspekt, so sind Tinten und Aquarellfarben, die auch in dunklen Farbtönen durchscheinend bleiben, das geeignete Material. Bei drucktechnischer Wiedergabe ist aber besondere Sorgfalt nötig, um die Qualität nicht zu sehr zu mindern.

Mit Tinten schreibt man besonders problemlos, weil sie sehr gut aus der Feder fließen. Trotzdem kann ich nur bedingt zu ihrer Verwendung raten, denn einerseits sind sie nicht so kräftig deckend und lichtecht wie Tusche, andererseits sind ihre Schattierungen nach dem Trocknen nur schwach ausgeprägt, und das Schriftbild wirkt etwas „flach". Darüber hinaus neigt sie besonders auf weichen Papieren zum Auslaufen. Dies habe ich auch bei einer Reihe von Tuschen und Acrylfarben beobachtet. Die richtige Kombination von geeigneter Papiersorte und Farbe müssen Sie immer wieder ausprobieren.

Ich bevorzuge für meine Schreibarbeiten Aquarellfarben, die so in destilliertem Wasser gelöst sind, daß sie gut fließen, aber nicht blaß erscheinen. In einem verschlossenen Gefäß können sie gut längere Zeit aufgehoben werden, jedoch setzen sich am Rand leicht Pigmente ab, die dann in der Schreibfeder als Krümel den Farbfluß behindern können. Deshalb bitte stets sorgfältig umrühren.

Chinesische Tusche, selbst angerieben oder als Fount India fertig gekauft, eignet sich für alle Gestaltungsabsichten, da sie sowohl deckend als auch durch Zugabe von destilliertem Wasser lasierend verwendet werden kann und gute Randschärfe ergibt. Vorsicht, sie ist nicht radierfest!

Im übrigen experimentiere ich viel mit unterschiedlichen Farben, benutze Mischungen aus feiner Tempera und flüssigen Acrylfarben, gelöste Lacke und Holzteer. Allerdings achte ich stets auf gutes Haftvermögen der Farben, Randschärfe und Lichtbeständigkeit. Es wäre zu ärgerlich, wenn ein gelungenes Blatt in der Schublade verschwinden müßte. Machen Sie mit Farbaufstrichen auf einem lichtechten, weißen Bogen die Probe, die ich für Papiere vorgeschlagen habe, oder achten Sie auf die Herstellerangaben.

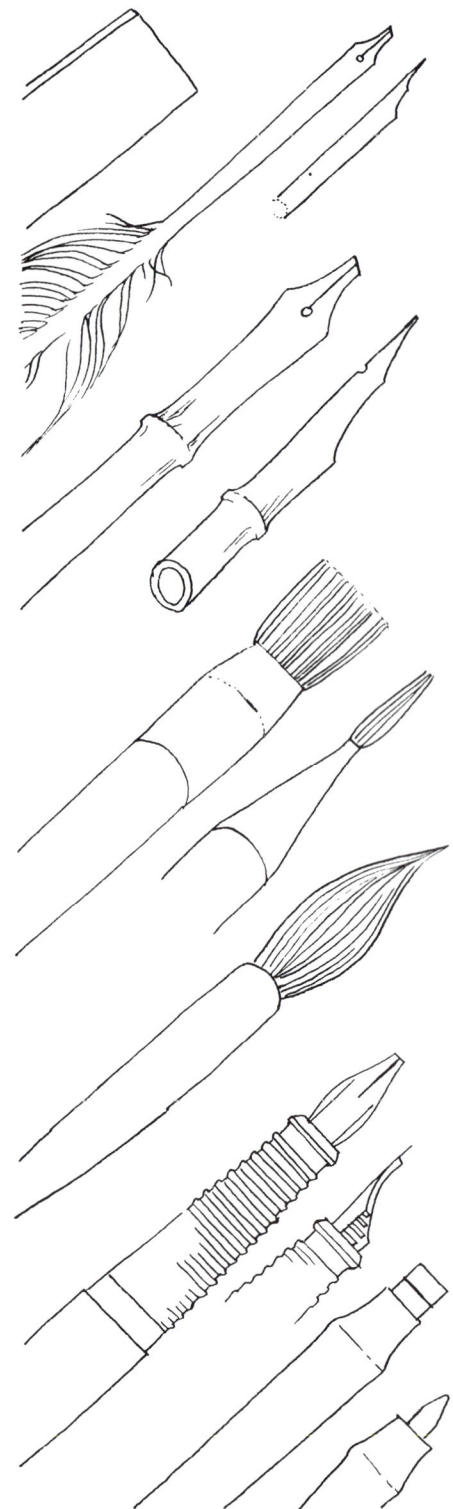

Schreibgerät

Aquarellfarbe
(Horadam von Schmincke)

Aquarellfarbe stark verdünnt

Acrylfarbe flüssig
(ArtistColor von Rotring)

Fount India von Pelikan

Fount India verdünnt

Tinte (Rotring brilliant)

Tinte (Mont Blanc)

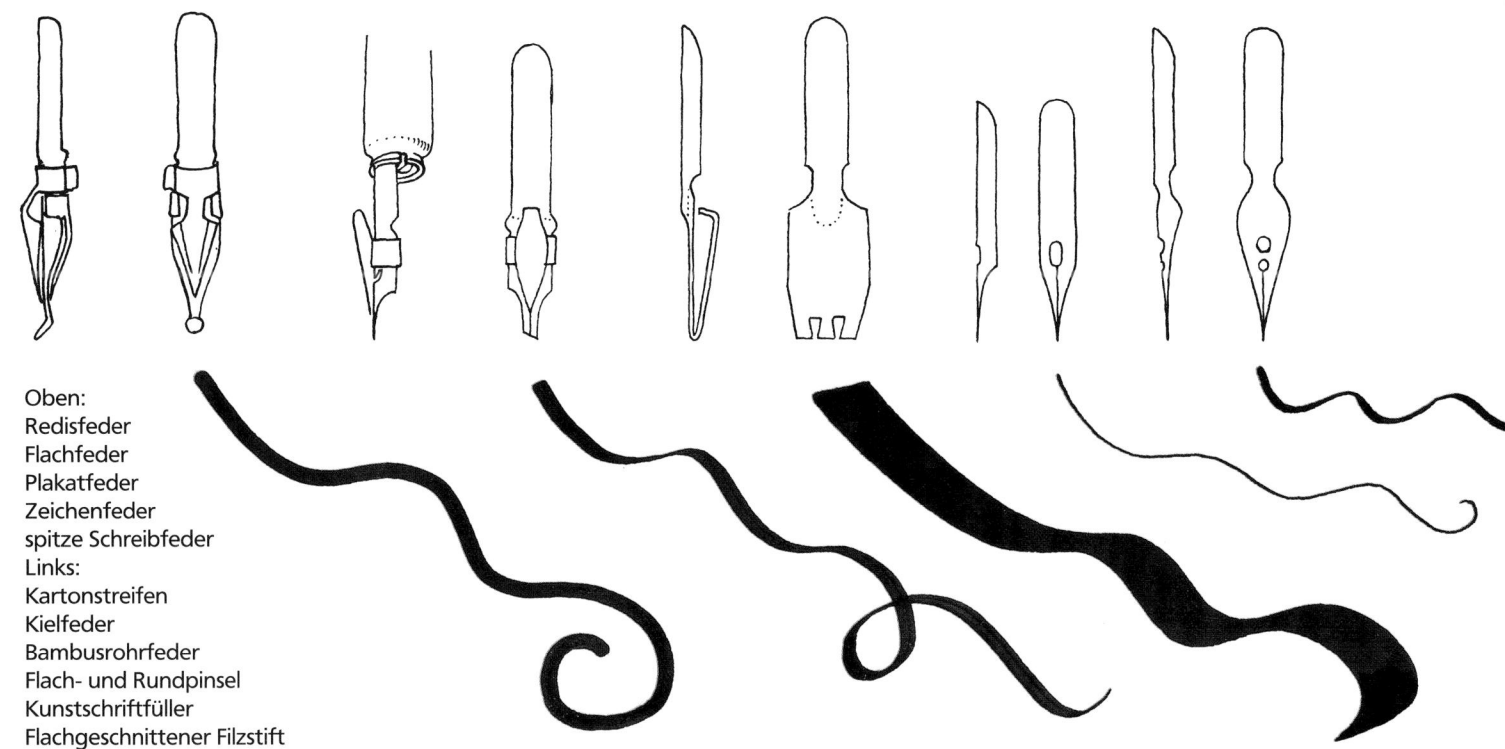

Oben:
Redisfeder
Flachfeder
Plakatfeder
Zeichenfeder
spitze Schreibfeder
Links:
Kartonstreifen
Kielfeder
Bambusrohrfeder
Flach- und Rundpinsel
Kunstschriftfüller
Flachgeschnittener Filzstift

Die traditionellen Werkzeuge Rohrfeder und Vogelkiel haben gegenüber den heute gebräuchlichen Stahlfedern die Nachteile, nur wenig Farbe aufnehmen zu können und sich leicht abzunutzen. Sie müssen häufig nachgeschnitten werden. So wurde die Entwicklung von Stahlfedern und deren industrielle Herstellung freudig begrüßt; die Kielfedern gerieten in Vergessenheit – und so auch die Fertigkeit des Federschneidens.

Stahlfedern erzeugen einen regelmäßigen, berechenbaren Strich. Bei einiger Übung kann man das Gleichmaß von Druckschriften damit fast perfekt nachahmen. Nun halte ich aber dies nicht für das wichtigste Ziel des Schreibers und werde am Ende dieses Buches Beispiele mit anderen Schreibwerkzeugen zeigen.

Die für das Kalligraphieren am besten geeigneten Federformen sind die Flachfeder (0,5–5 mm breit) und die Plakatfeder (4–15 mm breit). Im Prinzip handelt es sich bei beiden um nichts anderes als einen dünnen, rechtwinklig oder leicht schräg abgeschnittenen Metallstreifen. Bei seitlicher Führung kann man damit einen sehr feinen Strich erzeugen. Ein breiter, seitlich scharf begrenzter Strich entsteht durch Führung im rechten Winkel zur Schnittkante der Feder (siehe Seite 32). Um den Farbfluß zu verlängern, erfand man unterschiedliche Aufsätze als Farbspeicher. Die Lebendigkeit des Schriftbildes durch wechselnde Flüssigkeitsmenge in diesem Speicher gibt ein für Steckfedern charakteristisches Bild.

Eine Weiterentwicklung der in einen Halter zu steckenden Federn sind Kunstschriftfüller, von denen es mehrere Fabrikate gibt. Ich habe gute Erfahrungen mit dem ArtPen von Rotring machen können, den es in mehreren Breiten von 1,1 bis 2,7 mm sowie in spitzen und runden Ausführungen gibt. Man kann mit dem Art-Pen zwar nicht ganz so schnell schreiben wie mit Steckfedern, das aber macht ihn gerade für Schreibübungen des Anfängers geeignet. Durch dosierten, gleichmäßigen Farbfluß ermöglicht er auch bei sehr geringem Schreibtempo saubere, scharf begrenzte Schriftzüge. Besonders gut finde ich die Möglichkeit, mit Hilfe eines speziellen Tanks (Adapter) auch flüssige ArtistColor-Farben und Tinten verarbeiten zu können, so daß man nicht nur auf Patronen angewiesen ist und die Farbe durch Verdünnen auch lasierend verarbeiten kann.

Neben flachgeschnittenen Federn wurden schon früh für Schriften des täglichen Bedarfs und zum Ausarbeiten von Schmuckelementen und Initialen (herausgehobene Anfangsbuchstaben) auch spitz zulaufende Federn benutzt. Erst gegen Ende der Schriftentwicklung verdrängten die spitzen Stahlfedern alle anderen Federformen und bereiteten damit den Gebrauch von so ausdrucksarmen Mitteln wie Redisfeder, Kugelschreiber und Filzstift vor.

Eine weitere Gruppe von Schreibwerkzeugen sind die Pinsel, wobei ein Flachpinsel nichts wesentlich anderes ist als eine sehr breite Flachfeder. Plakatschreiber benutzten Flachpinsel oft virtuos. Heute stehen ihnen breite Filzschreiber zur Verfügung, deren Strich aber weniger interessant wirkt. Viele Anregungen zum Schreiben mit Pinseln kommen aus Asien, wo rundgebundene Pinsel mit sehr feinen Spitzen verwendet werden, deren Handhabung aber grundsätzlich anders ist: Der Pinsel wird senkrecht gehalten, und die Hand wird beim Schreiben größerer Zeichen nicht abgestützt.

Neben der Verwendung der hier beschriebenen Geräte ist es immer wieder interessant, Schreibwerkzeuge selbst zu entdecken und ihre Möglichkeiten auszuprobieren.

Hilfsmittel

Außer Papier, Farbe und Feder benötigen Sie noch folgendes Material:

– ein langes Lineal mit möglichst genauer Maßeinteilung und flach aufliegender Kante sowie einen großen Winkel
– einen weichen, gut gespitzten Bleistift und einen Radierer, der nicht schmiert
– einen nicht fusselnden Lappen zum Abtrocknen der Feder nach dem Auswaschen
– einen kleinen Pinsel zum Einfüllen der Schreibflüssigkeit in die Feder (siehe Abbildung Seite 32)
– Rasierklingen, ein Falzbein sowie Radierstift und Radierschablone
– Feuerzeug oder Streichhölzer zum Entfernen des Fettfilms von neuen Federn
– mehrere Federhalter mit Einsätzen für unterschiedliche Federn
– Porzellangefäße zum Anrühren und Deckelgläser zum Aufbewahren von Farben
– einige Blätter dünnes Papier zum Anschreiben der Federn und zum Unterlegen unter die Hand, um das Schriftblatt vor dem leichten Fettfilm der Haut zu schützen
– einige große Bögen Zeichenpapier als Unterlage unter das Schriftblatt, damit der Schreibgrund nicht zu hart ist
– Aufbewahrungsmappen für Papier und fertige Arbeiten

Der Arbeitsplatz

egislato cum cona
oribus ad tem pr.
s zum traditione

Ein guter Arbeitsplatz für Schreiber muß vor allem hell sein. Das Licht soll für Rechtshänder von der linken Seite kommen, darf aber auf einem weißen Blatt nicht blenden. Schwierig zu erfüllen ist oft die Forderung nach Ruhe beim Schreiben.

Eine leichte Schrägstellung der Schreibfläche läßt sich gut mit einem Reißbrett erzielen oder mit einem Brett, das an einer Seite durch eine Leiste angehoben wird. Die Arbeitshöhe muß bequemes Auflegen des ruhenden Armes und eine freie Sitzhaltung ermöglichen; nur so erhält der Schreibarm genügend Bewegungs-

freiheit. Der Arbeitstisch muß so groß sein, daß Sie rechts neben sich Schreib- und Hilfsgeräte unterbringen können und links die Textvorlage liegen kann.

Das Schriftblatt soll immer gerade vor dem Schreiber liegen, auch bei schräglaufenden (kursiven) Schriften. Waagerechte Zeilenführung gelingt dadurch besser, und die Schriftrichtung kann nur so auf dem ganzen Blatt durchgehalten werden. Für die unteren Zeilen muß das Blatt etwas vom Schreiber weggeschoben werden, damit die Hand nicht vom Tisch abrutscht.

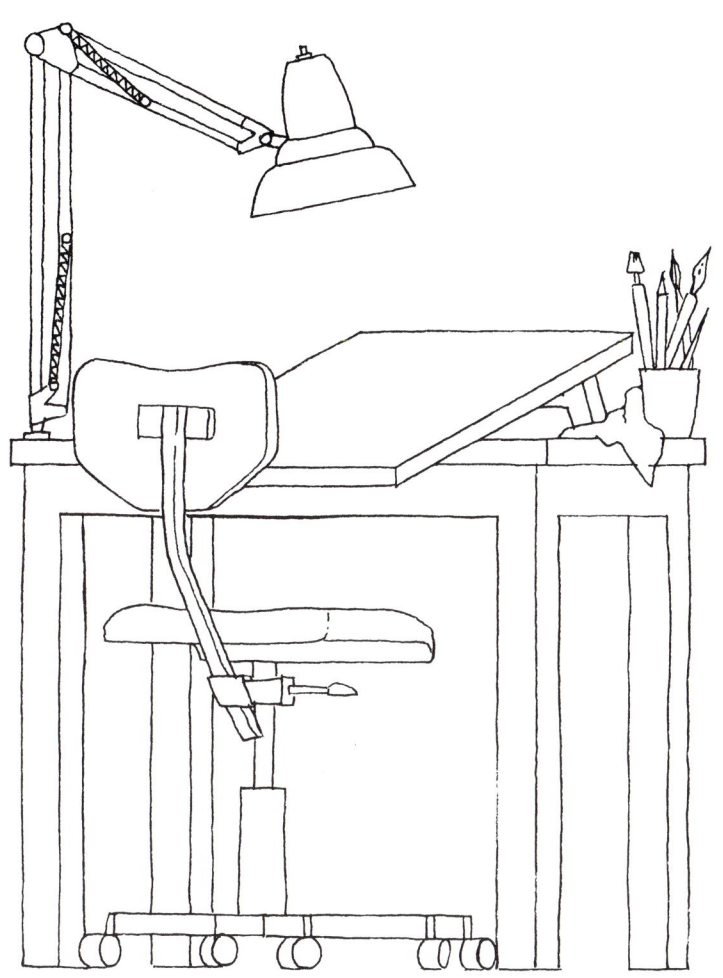

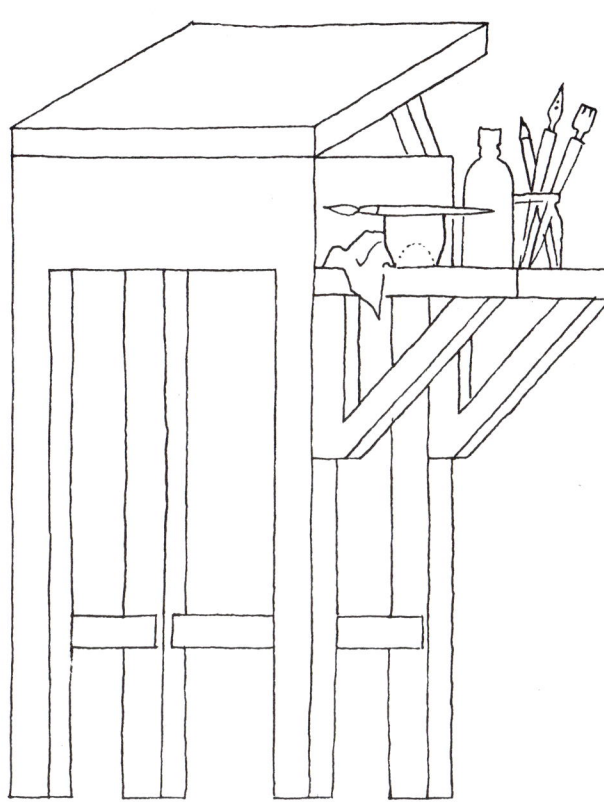

IN THE TRAINING
FOR ANY CREATIVE
PROFESSION, THE
STVDY OF CALLIGRA
PHY CAN BE OF
FVNDAMENTAL
IMPORTANCE.

SCHRIFT

Grund-
wissen

Schriftaufbau

Kalligraphie

das Handwerk des Schreibens

Die Bedeutung des häufig für handschriftliche Gestaltung verwendeten Wortes Kalligraphie ist „schönes Schreiben". Es steht im allgemeinen Verständnis für eine ganz bestimmte Form der Handschrift: ästhetisch durchgeformt, kultiviert, den Stilelementen der Kulturepoche entsprechend stilisiert. Kalligraphie kann je nach Verwendungszweck streng und karg oder auch verschwenderisch ausgestaltet sein, jedenfalls ist sie stets von der Alltagshandschrift durch größere Sorgfalt in der Ausführung und durch allgemeinverbindliche Gestaltung abgehoben.

Wenn man das berücksichtigt, versteht man auch, daß die aus kalligraphischen Formen entwickelten, noch gleichmäßiger geformten und typisierten Druckschriften vielen eine Vervollkommnung der Kunsthandschrift zu sein scheinen.

Unsere Alltagshandschrift wird von Kalligraphie vollkommen getrennt betrachtet. Sie wird gestalterisch völlig vernachlässigt und reicht gerade noch für kurze Mitteilungen und Notizen; manchmal ist sie selbst für den Schreiber nicht mehr leserlich.

Für alle Anlässe, die sorgfältige Schrift erfordern, stehen Maschinen mit einer Fülle von Schriftformen bereit. Maschinelle Schriften sind fast immer leicht und schnell lesbar, und durch das anonyme Schriftbild wirken die Worte sehr sachlich und unangreifbar.

Informationsübermittlung ist aber nur ein Teil der Aufgaben, die Schrift erfüllen kann. Wir verstümmeln die in jahrtausendelanger Tradition gewachsenen Möglich-keiten der Schriftkunst, wenn wir sie ausschließlich maschinellen Verarbeitungs-möglichkeiten und unserer Bequemlichkeit anpassen. Sensibilität der Wahrnehmung wird durch eigenes Tun entwickelt – Schreiben ist ein hervorragendes Mittel dazu. Es verlangt und fördert Konzentration und Geduld. Diese wiederum kommen nicht nur der Form des Geschriebenen zugute, sondern auch dem Verständnis von Inhalten. Schreiben ohne Reflexion des Textes bliebe bloße Dekoration.

Kalligraphie sollte, in Kenntnis der hohen Qualität traditioneller Schreibformen, wieder Bezug zu unserer Alltagshandschrift bekommen. Wir sollten durch bewußtes Üben und kritisches Vergleichen nachlässige Formen verbessern und uns Lesbarkeit der Handschrift zum Ziel setzen. Wir können dann Lebendigkeit und persönlichen Ausdruck mit den Formen überlieferter Kalligraphie verbinden. Kunstschrift wird so vor Erstarrung bewahrt und kann lebendig gestalteter Ausdruck des Textes werden.

Leider kann man auch mit viel Einsatz und großem Schwung in diesen Bereich nur vorstoßen, wenn man zu ausdauerndem Üben der überlieferten Schriftformen und Schreibtechniken bereit ist. Die perlende Leichtigkeit, die Selbstverständlichkeit guter Schrift, an der ja nicht herumkorrigiert werden kann, wird man erst nach und nach erkennen und erwerben. Nur durch regelmäßige Beschäftigung mit der Kalligraphie wird man gute Ergebnisse erzielen.

Machen Sie sich bitte klar, wie lange es allein schon dauert, eine so mechanische Fertigkeit wie das Maschinenschreiben zu erlernen.

Deshalb wird hier der Unterweisung in die handwerklichen Grundlagen des Schreibens breiter Raum gegeben. Als Anfangs- und Grundschrift halte ich die humanistische Kursive für geeignet. Unsere lateinische Schreibschrift ist von ihr abgeleitet, die Buchstabenformen sind uns also vertraut. Die rechtskursive (nach rechts geneigte) Schreibweise bereitet im allgemeinen wenig Schwierigkeiten. Die Buchstabenformen sind angenehm und erhalten durch die Verwendung der Flachfeder Spannung und Charakter. Diese Schrift zeichnet sich durch gute Lesbarkeit aus, ist vielfältig veränderbar und für die Gestaltung vieler Texte geeignet.

Mein Ziel war es, dieses Buch so anzulegen, daß ein ganz ungeübter Schreiber bei intensiver Bemühung zu guten Ergebnissen mindestens in dieser ausführlich behandelten Schriftart kommen kann und versteht, in welchen Schritten auch andere Schriften erarbeitet werden können.

Nur eins kann dieses Buch nicht – Ihnen die Arbeit abnehmen. So, wie man durch das Hören von Musik nicht zum Musiker werden kann, wird man durch das begeisterte Betrachten schöner Schriften noch nicht zum Schreiber; allerdings kann man sich dadurch viele Anregungen holen und wird bei fortschreitender Fertigkeit immer neue, zuerst nicht wahrgenommene Einzelheiten entdecken.

grundformen *zwei*

Schreibenlernen ist mühsam, Üben ist oft langweilig, fordert auf jeden Fall Konzentration, braucht Zeit. Und es ist eine einsame Beschäftigung. Nehmen Sie deshalb immer mal wieder Ihre spielerischen Versuche mit schriftähnlichen Elementen auf, wenn Sie sich festzufahren drohen. Das hilft Ihnen sicher, die „richtigen" Schreibübungen durchzuhalten. Machen Sie sich bitte klar, daß Sie zum Schreiben beides brauchen: den kreativen Schwung und die sichere Beherrschung des Handwerks.

Bevor Sie mit den eigentlichen Schreibübungen anfangen, sollten Sie sich mit den wichtigsten Grundkenntnissen über den Einfluß von Federstärke und -haltung, Schriftgröße und Abstandsbreite zwischen Buchstaben, Worten und Zeilen auf das Aussehen des Textes vertraut machen.

Grundformen und Schriftcharakter

Das Aussehen aller Schriften ist von wenigen, sich an vergleichbaren Stellen wiederholenden Grundformen geprägt. Dadurch entstehen Schriftcharakter und -rhythmus. Geringe Veränderungen an diesen Grundelementen können das Schriftbild erheblich verändern. Zu unterscheiden sind die Variationen innerhalb einer Schriftart und die Veränderungen, die zu einer neuen Schriftart führen. Erstaunlicherweise sind diese Unterschiede nur gering. Man muß also die Grundformen einer bestimmten Schrift genau kennen und mit Konsequenz ausführen, damit kein Stilgemenge ent-

Humanistische Kursive

the humanistic cursive

la cursive humaniste

Humanistische Kursive

Die ganz oben abgebildete Zeile zeigt deutlich, daß sich wenige Grundformen an vergleichbaren Stellen wiederholen. Dies gilt für alle Schriftarten

Oben: Variationen einer einzigen Schriftart Unten: in Rot „n" als Abwandlungen einer Schriftart, in Schwarz „n" in unterschiedlichen Schriftarten

R R R

DSBA

HA UK UG OC CH TW

GLEICHE ABSTÄNDE

ABSTANDSAUSGLEICH

Oben links: Buchstaben mit Redisfeder und Flachfeder ausgeführt.
Das dritte R ist mit spitzer Feder nachgearbeitet
Oben rechts: optische Täuschungen
Darunter: Abstände zwischen Buchstaben
Mitte: das Zeilenbild bei tatsächlich gleichen Abständen und mit
ausgeglichenen Zwischenräumen
Unten: Wirkung von Wortabständen und von Zeilen, die nur aus
Majuskeln bestehen, sowie solchen, in denen Minuskeln
überwiegen

WORTABSTÄNDE SOLLEN GLEICH BREIT AUSSEHEN
Das erreicht man durch Vermitteln der Abstände: offene
End- und Anfangsbuchstaben werden berücksichtigt.

Breite Wortabstände zerteilen die Zeile zu stark.

schriftcharakter

steht. Unabhängig davon, mit welchem Werkzeug man arbeitet, treten beim Schreiben immer wieder grundsätzliche Schwierigkeiten auf. Bei Majuskeln werden sie besonders deutlich, aber auch bei Minuskeln sind sie zu beobachten.

Als erstes möchte ich auf die optischen Täuschungen hinweisen: Buchstaben, die mit einer Fläche an die Zeile stoßen, wirken deutlich größer als solche, die nur mit einer Rundung oder einer Spitze die Zeile berühren. Deshalb müssen Bögen und Spitzen stets leicht über die Schreibhöhe hinausragen, wenn man den Eindruck einheitlicher Schriftgröße erreichen möchte.

Schwierigkeiten ergeben sich auch beim Bilden möglichst gleicher Abstände sowohl zwischen Buchstaben als auch zwischen Wörtern, weil die Außenformen der Buchstaben sehr unterschiedlich sind. Besonders große Abstände benötigen Buchstaben, die geschlossen wirken, zum Beispiel N, H, M. Die Abstände zwischen halboffenen (E, S) und runden (O, G, Q) Buchstaben sollten deutlich enger sein. Noch geringer müssen sie neben schrägen (A, V, W) oder seitlich offenen (L, T, Z, J) Buchstaben angelegt werden. Daraus ergibt sich, daß bei tatsächlich gleichen Abständen zwischen den Buchstaben einer Zeile ein sehr unregelmäßiges Schriftbild entstehen kann und daß oft sehr unterschiedliche Abstände nötig sind, um eine Zeile gut auszugleichen.

Zeilen aus Majuskeln werden vom Leser unwillkürlich buchstabiert, deshalb dürfen die Buchstaben nicht zu eng stehen. Worte aus Minuskeln erfaßt man dagegen als Ganzes: Die Buchstaben dürfen also enger zusammenstehen, müssen aber optisch gleich weit von einander entfernt sein. Das erhöht die Lesbarkeit.

Wortabstände sollen stets gleich breit aussehen und etwa so groß sein, daß ein „i" mit seitlichen Abständen darin Platz hätte. Auch hier muß man nach Augenmaß ausgleichen und darf nicht mechanisch vorgehen.

Die Zeilenabstände sollten mindestens so breit sein, daß sich die Unterlängen einer Schriftzeile und die Oberlängen der folgenden nicht überschneiden. Sie sollten auch breiter sein als die Wortabstände. Bei langen Zeilen müssen sie größer sein als bei kurzen. Die Klarheit alter Schriftoriginale entstand oft durch einen weiten Zeilenzwischenraum. Durch Verringern des Zeilenabstandes kann man den Eindruck eines „Schriftteppichs" erzielen, was aber die Lesbarkeit stark beeinträchtigt.

Außerdem wird der Schriftcharakter wesentlich durch die Schreibgeschwindigkeit geprägt. Langsames Schreiben erzeugt stets einen beherrschten, geordneten Eindruck; schnelles Schreibtempo ermöglicht eigenwillige Schwünge und aufgerissene Linien, setzt aber auch Körperspannung und gute Beherrschung der Schrift voraus, um nicht ungekonnt und flüchtig zu wirken.

Maßstab für alle schriftgestalterischen Überlegungen setzt stets der Inhalt eines Schriftstückes. Schreiben Sie nie eine Schrift nur, weil sie schön aussieht, sonst wird Schreiben zu bloßer Dekoration. So ist die verbreitete Vorliebe für Urkunden in gotischer Schrift oder in barocker Aufmachung Unsinn, weil die Schrift dem aktuellen Inhalt in keiner Weise entspricht. Nur zur Übung kann man auf diese Überlegungen verzichten, weil man sich noch ganz auf die Formen der Schrift konzentrieren muß.

Manuskript

Bei der Wahl der Schriftgröße muß man die gesamte Schrifthöhe berücksichtigen. Sie umfaßt Oberlänge, Mittelzeile und Unterlänge. Die Mittelzeile beeinflußt die Größenwirkung einer Schrift am deutlichsten

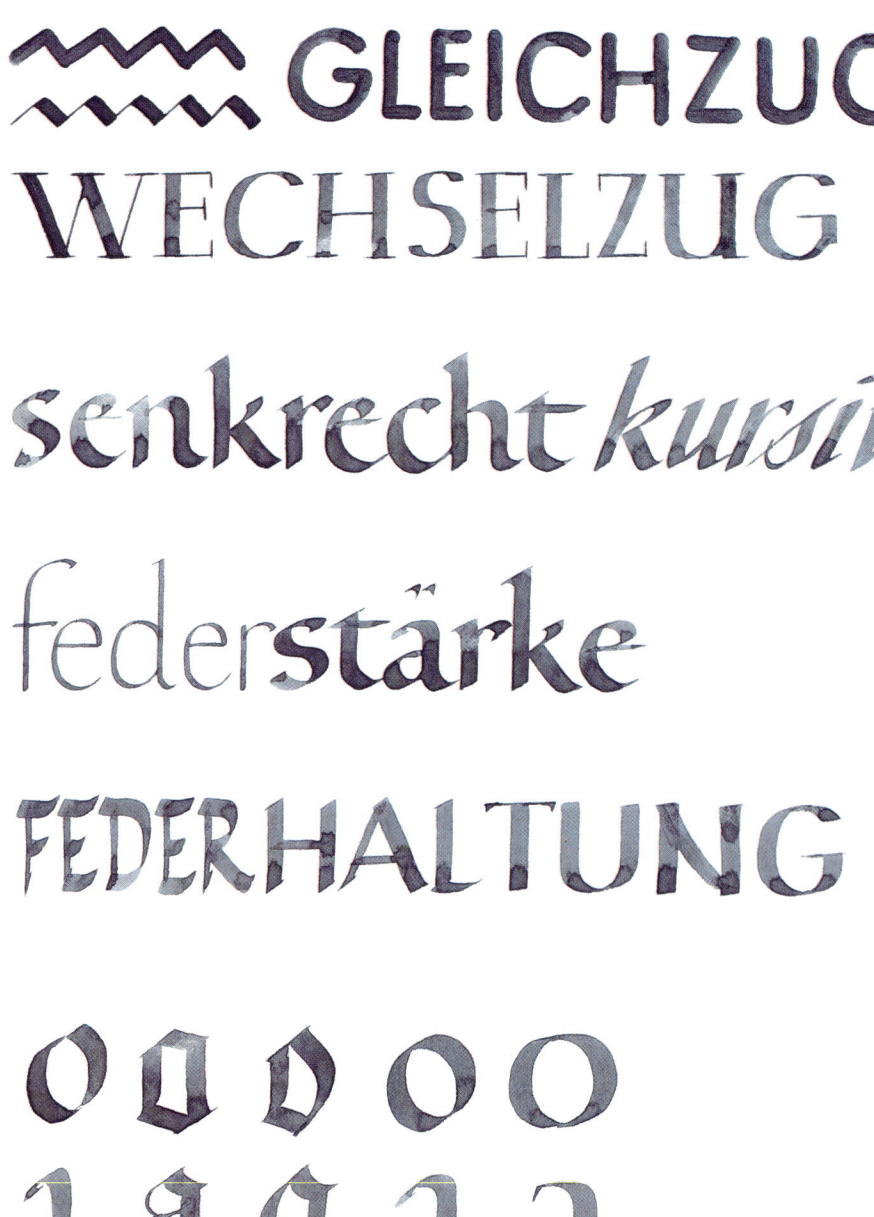

GLEICHZUG

WECHSELZUG

senkrecht *kursiv*

federstärke

FEDERHALTUNG

o o o o o o
a a a a a a

Schreibwerkzeuge, die spitz oder rund geformt sind, erzeugen einen Gleichzug: Die Linien haben in alle Richtungen die gleiche Stärke. Vorn flach gestaltete Schreibgeräte erzeugen einen je nach Zugrichtung unterschiedlich breiten Wechselzug, der für ein interessantes Schriftbild sorgt

Senkrechte Schriften werden meist etwas langsamer geschrieben als kursive. Alltagshandschriften, die ja mehr oder weniger zusammenhängend (gebunden) geschrieben werden, bezeichnet man allgemein als Kursive, gleichgültig, ob sie nach rechts oder links geneigt oder überwiegend senkrecht geschrieben werden

Die Wahl der Federstärke im Verhältnis zur Schrifthöhe beeinflußt den Duktus der Schrift. Man spricht von mageren, normalen, halbfetten oder fetten Schriften. Die Wirkung verschiedener Federstärken bei gleicher Schriftgröße wird im Beispiel auf Seite 27 deutlich

Winkeln Sie den Arm beim Schreiben weit vom Körper ab, erreicht die Schreibkante der Flachfeder im Verhältnis zur Schreiblinie eine steile Stellung. Nehmen Sie den Arm eng an den Körper heran, nimmt die Schreibkante eine flache Stellung ein. Das Aussehen der Schrift wird durch den Ansatzwinkel der Feder stark beeinflußt

Bei den Schriftarten unterscheidet man besonders zwischen runden und gebrochenen Formen. Es gibt allerdings auch Übergangsformen wie die späte karolingische Minuskel (a). Die Beispiele aus der Textur und der Fraktur (b und c) zeigen deutlich zusammengesetzte (gebrochene) Formen, während die humanistische und die klassizistische Antiqua (d und e) aus Rundformen bestehen

Das Alphabet einer bestimmten Schrift und die gewählte Ausformung der Ober- und Unterlängen ist konsequent einzuhalten. Man darf keinesfalls Buchstabenformen einer anderen Schriftart in ein Alphabet mischen – ebensowenig, wie man beispielsweise mitten im Text Schriftrichtung oder Abstände ohne ersichtlichen Grund verändern kann.

Bei der Wahl einer Schrift sollte man die folgenden Punkte, die das Aussehen des Schriftstückes ganz wesentlich prägen, sorgfältig bedenken:

– die Größe der Schrift und ihre Verteilung auf Mittelzeile, Ober- und Unterlänge
– die Schriftrichtung (senkrecht, kursiv)
– den Einfluß des Schreibgerätes auf den Schriftcharakter (zum Beispiel Gleich- oder Wechselzug)
– das Verhältnis von Federbreite und Schrifthöhe (magere, normale, halbfette oder fette Schrift)
– den Winkel des Federansatzes zur Schreiblinie (die Stärke der senkrechten und waagerechten Balken wird dadurch verändert)
– die Aussage der Schriftformen (zum Beispiel runde oder gebrochene Formen)

Schließlich ist noch zu beachten, daß in längeren Texten die Schrift zurückhaltender gestaltet werden muß als bei einzelnen Wörtern, die man schwungvoller schreiben und ausschmücken kann.

L'écriture est l'expression de la personnalité... volonté de faire excellente impression sur le papier. Le soin apporté à l'écriture frappe immédiatement. Calligraphie, une écriture tracée avec plaisir, lue avec plaisir. Comme langage, l'écriture est le reflet d'une personnalité cultivée.

„Laufende", das heißt längere Texte sollten zurückhaltender gestaltet werden als Einzelwörter. Hier kann man je nach Verwendungszweck mit den Schreibformen spielen. Vorsicht aber beim Verzieren mit Kringeln!

Kalligraphie

|||| ||||| ||||| mm uu ccccc

|||| ||| |||| uuuuu uuu cccc uuu

Um Großes leisten zu können · ist die

I/cc &. ooooo bbbbb bb

Beherrschung von Kleinem und Kleinstem notwe...

Hans Fisch...

hhhhh hhh hhh hh uu jjjj k

pppp rrrrr sssss sssss ss ssss

uuuuuuuuuuuu ft ft ll

vvvvvvvvvv www /

zum Schreiben XXXXX A

braucht yyyyy zzz &&

man

beides: z üben üben

Kreativität & üben üben

und Übung. und als drittes ß ß ß & & üben üben

1234567890 üben

die richtigen üben

Worte! üben üben

üben üben üben üben

Humanistische Kursive

schreiben ist eine einsame beschäftigung
nicht nur für den
dichter, sondern auch
für den schreiber.

A B C D E F G H
I J K K L M N
O P Q R R S S S T
U V V W W W W
X X X X X X X
Y Y Y Z Z

B B B   B C D E
A A

mu r mu

Grundkurs für die Humanistische Kursive

in einfacher Form läßt sich diese Schrift — Füllhalter

für alltägliche Zwecke gut — Filzstift rund

mit Filzstift, — Filzstift flach (Übungen wie für Flachfeder auf Seite 33)

Füller oder anderem — Kunstschriftfüller

Schreibgerät ausführen. — Bleistift

Nur den Kugelschreiber sollten Sie nicht benutzen. — Kugelschreiber

Schriftschema der Kursiven

Um das Erlernen der Kursiven zu erleichtern, habe ich auf der Seite rechts zuerst einmal eine schematische Darstellung der Schriftelemente (Teile, aus denen die Buchstaben hauptsächlich bestehen) gezeichnet und dann die Buchstaben mit einem dünnen Filzstift geschrieben.

Betrachten Sie das Schema bitte aufmerksam: Sie werden erkennen, daß sich die Kursive aus einer Grundschrägen (gestrichelte Hilfslinien) und einer verbindenden Schrägrichtung zusammensetzt. Diese beiden Richtungen wechseln dauernd ab, wobei die Grundschräge stets mit leichtem Druck (besonders an Balkenansatz und -ende) abwärts führt, und die Verbindungsschräge mit leichter Hand aufwärts gezogen wird.

Nehmen Sie nun kariertes Papier zur Hand, und kennzeichnen Sie auf Ihrem ersten Übungsblatt die Zeilenaufteilung entsprechend der Vorlage, oder ziehen Sie anfangs dünne Bleistiftlinien für die Zeilen. Diese Einteilung müssen Sie genau beachten und mit den Buchstaben wirklich die Zeilenhöhe einhalten.

Üben Sie dann mit Blei- oder Filzstift die Schriftelemente in der ersten Zeile in mehreren Wiederholungen. Achten Sie dabei auf genaue Plazierung in den Karos. Danach üben Sie die Buchstaben, am besten in längeren Reihen: aaaa, bbbb, cccc... Wenn Sie die Buchstabenformen sicher beherrschen, beginnen die Übungen mit der Flachfeder (Seite 32).

Wie schreiben Linkshänder?

Bis jetzt war alles unabhängig von der bevorzugten Schreibhand ausführbar, und falls Sie für die nachstehenden Aufgaben einen flachgeschnittenen Kalligraphie-Filzstift benutzen, können Sie ohne Einschränkung weiterüben. Nur erzielen Sie mit der Flachfeder eben doch weit schöner modulierte, randschärfere Ergebnisse.

Es bereitet Schreibern, die die linke Hand benutzen, oft große Schwierigkeiten, die Feder im vorgeschriebenen Winkel zur Grundlinie anzusetzen. Die Hand muß nämlich beim Schreiben unbedingt unter der Schreibzeile entlang geführt werden. Vielen fällt das zuerst sehr schwer.

Flachfedern sind an der Vorderkante leicht nach rechts abgeschrägt, weil ja die Mehrzahl der Schreiber die rechte Hand benutzt. Für den Gebrauch mit der linken muß sie nach links abfallen. Gelegentlich finden sich linksgeschrägte Spezialfedern im Handel. Kunstschriftfüller (zum Beispiel den ArtPen) gibt es ebenfalls linksgeschrägt. Eine weitere Möglichkeit wäre das vorsichtige Umschleifen der Feder mit einem feinen Schleifstein. Gehen Sie dabei aber bitte sorgfältig vor. Die Schreibkante muß wirklich flach, die Ecken sollen sauber und scharf ausgebildet sein, dürfen aber nicht das Papier aufreißen.

Oberlänge	Grundschräge	Grundstriche	Verbindungsstriche	Ausnahmen
Mittelzeile				
Unterlänge		mit leichtem Druck abwärts führen	ohne Druck aufwärts führen	mit leichtem Druck abwärts führen

Übungen mit der Flachfeder

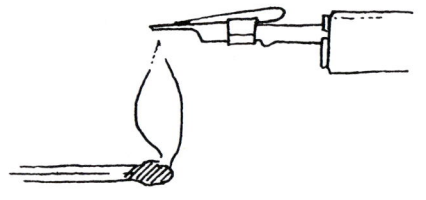  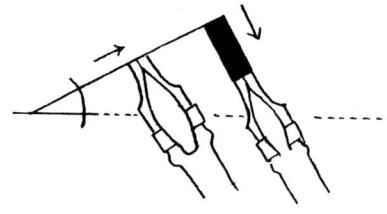

Vorbereiten und Anschreiben

Nehmen Sie nun bitte den Federhalter zur Hand, und schieben Sie in dessen Metalleinsatz eine Flachfeder von 3 mm Breite. Sengen Sie die Feder kurz über einer Flamme ab, um den schützenden Fettfilm neuer Federn zu entfernen. Füllen Sie dann mit einem kleinen Pinsel etwas Tusche oder Aquarellfarbe, von der Sie am besten schon einen kleinen Vorrat angemischt haben, seitlich in das Reservoir der Feder ein. Es sollte gut gefüllt sein. Die Innenseite und die Vorderkante der Feder müssen zuerst auch leicht befeuchtet werden. Mehr Informationen über Schreibflüssigkeiten finden Sie auf Seite 15.

Die Handhaltung für Kalligraphie entspricht unserer gewohnten Schreibhaltung, allerdings sollte bei aufrechtem Sitzen nur der Unterarm der Schreibhand und nicht das Handgelenk auf dem Tisch aufliegen. Der kleine Finger stützt die Schreibhand, der andere Arm den Körper auf der Tischplatte ab. Das Blatt liegt gerade vor Ihnen!

Schieben Sie die Federkante auf einem Blatt Papier hin und her, bis die Farbe zu fließen beginnt. Machen Sie dann erste Versuche, in welcher Richtung Sie der Feder Striche und Linien entlocken können. Achten Sie dabei bitte darauf, daß die Federkante stets ganz auf dem Papier aufgesetzt bleibt. Nun versuchen Sie, bei normaler Schreibhaltung Schwünge und Bögen zu erzielen. Sie können dabei gut die wechselnde Strichstärke beobachten, die die Feder trotz unveränderter Schreibhaltung erzeugt.

Balken und Schwünge

Als nächsten Schritt Ihrer Übungen versuchen Sie bitte, die verschiedenen Strichbeispiele auf Seite 33 genau nachzuarbeiten. Es kommt dabei besonders auf das Einhalten des Federansatzwinkels und auf das volle Aufsetzen der Feder an. Das gelingt nur, wenn Sie das Handgelenk ruhig halten und den Arm aus der Schulter heraus bewegen. Für einige Schriftformen muß auch das Handgelenk leicht gedreht werden, was ich bei den Übungen mit RF und LF (rechte und linke Federkante) bezeichnet habe. Diese Drehung vom vollen Strich auf die Ecke der Feder erfordert viel Übung, besonders wenn die Drehung in weichem Übergang erfolgen soll. Die Ergebnisse werden erst nach und nach regelmäßig und berechenbar ausfallen. Die nachfolgenden Minuskeln enthalten aber nur sehr wenige solcher Schwierigkeiten. Bei fortschreitender Erfahrung werden Ihnen diese kleinen Raffinessen des Schreibens besondere Freude machen.

Kleinbuchstaben/Minuskeln

Auf die allgemeinen Federübungen folgt auf den Seiten 34 und 35 die Anleitung zum Schreiben der Kleinbuchstaben, auch Minuskeln genannt, die mit einer 2 mm breiten Feder auszuführen sind.

In den ersten beiden Zeilen habe ich wieder die Grundelemente der Schrift zusammengestellt. Schreiben Sie diese bitte zuerst sorgfältig nach. Wenn Ihnen diese

Übung fehlerlos gelingt, werden Sie die nachfolgend gezeigten Buchstaben leicht daraus zusammensetzen können. Folgen Sie dabei der Vorlage bitte unbedingt schrittweise, und gehen Sie langsam vor. Üben Sie jede Form so oft, bis Sie diese genau beherrschen, ehe Sie zur nächsten übergehen. Die Übung ist so aufgebaut, daß Buchstaben mit ähnlichen Grundformen aufeinander folgen.

Von Einzelbuchstaben zu Wörtern

Wenn Sie das Alphabet der Minuskeln erarbeitet haben, müssen Sie für weitere Übungen leider auf die Führung durch die senkrechten Linien des Karos verzichten (siehe Seite 36). Die Abstände zwischen den Buchstaben müssen nämlich optisch gleich groß gestaltet werden, und das gelingt im Raster der Karobreiten nicht. Dadurch wird es schwieriger, eine gleichmäßige Schräglage zu erzielen. Sie sollten die Schrägung ab und zu kontrollieren.

Es kommt jetzt weniger darauf an, die genaue Breite der Buchstabenvorlage einzuhalten, als viel mehr darauf, bei korrekter Buchstabenform ein möglichst gleichmäßiges, fließendes Schriftbild zu erhalten. Versuchen Sie dann, die Wortabstände einzufügen. Danach sollten eine Reihe von Übungen mit längerem Text gemacht werden. Ziehen Sie ruhig schräge Hilfslinien, wenn die Schrift noch etwas wackelig ausfällt. Sie muß so gleichmäßig aussehen, daß ein schöner Schriftteppich ohne Knoten und Löcher entsteht.

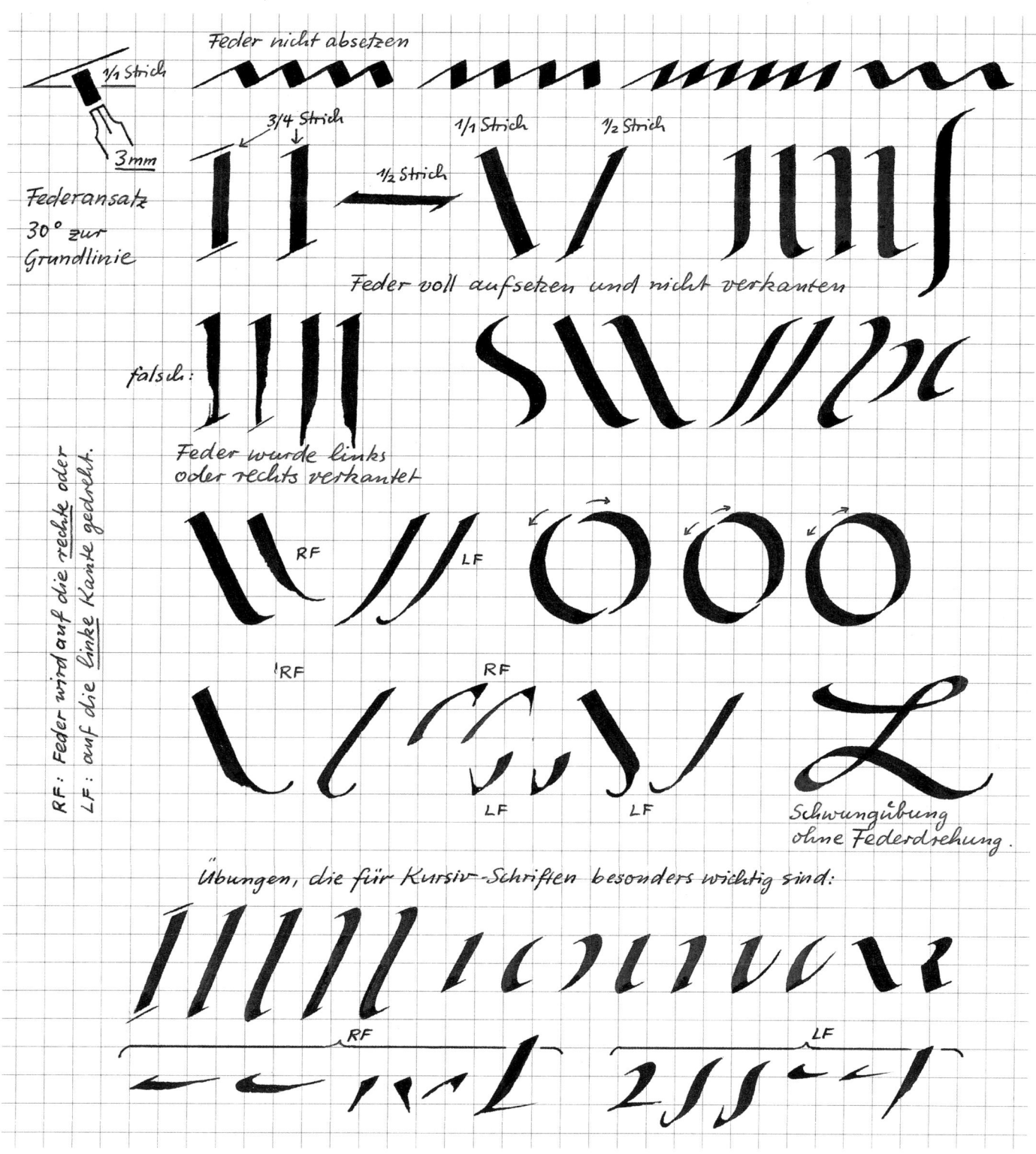

Feder nicht absetzen

¼ Strich

3mm

Federansatz
30° zur
Grundlinie

¾ Strich   ½ Strich   1/1 Strich   ½ Strich

½ Strich

1/1 Strich   ½ Strich

Feder voll aufsetzen und nicht verkanten

falsch:

Feder wurde links
oder rechts verkantet

RF: Feder wird auf die rechte oder
LF: auf die linke Kante gedreht.

RF   LF

RF   RF

LF   LF

Schwungübung
ohne Federdrehung.

Übungen, die für Kursiv-Schriften besonders wichtig sind:

RF   LF

Die Feder wird beim Schreiben mit der ge-
samten vorderen Kante im Winkel von 30°
zur Grundfläche voll aufgesetzt. Nur für

Schwünge und Endformen kann es nötig
sein, sie auf die rechte (RF) oder linke (LF)
Federecke zu stellen. Bevor man die Feder

dreht, sollte durch leichten Druck für genügend Farbe gesorgt werden, die dann von
der Ecke mitgerissen werden kann.

33

Grundelemente der Kursiven

30° 2mm

Minuskeln der Humanistischen Kursiven

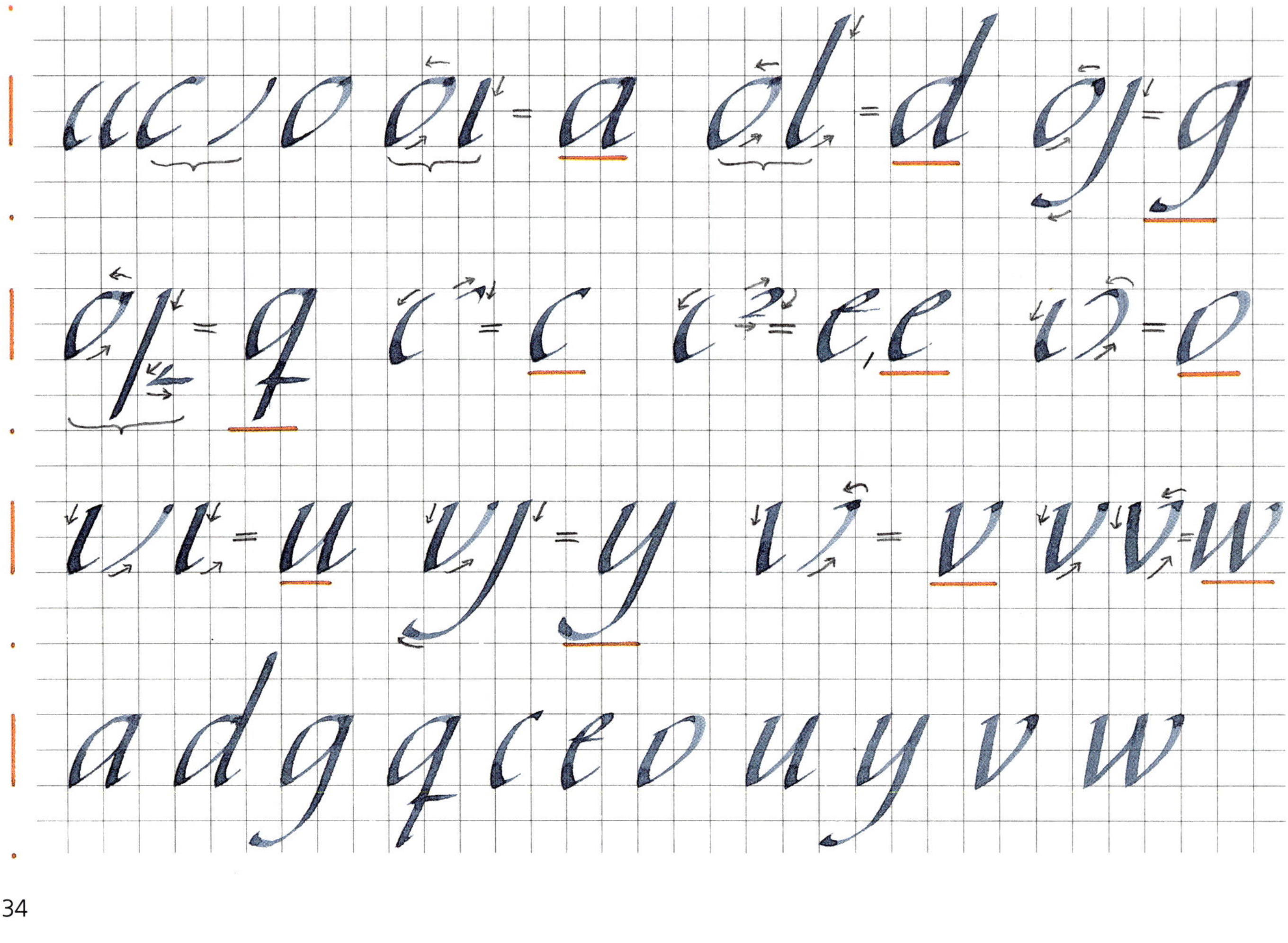

uc o ar = a al = d gg = g

af = q c = c ee = e o = o

u = u y = y v = v vvw = w

a d g q c e o u y v w

hn = h   kk = k   mmm = m

nn = n   pp = p   rr = r   ll = l

bb = b   i = i   jj = j   tt = t

h k m n p r l b i j t

f = f   f = f   ß = ß

s x z   ff ll ft tz

Ligaturen

f f ß s s x z ä ö ü

einzelbuchstabe

nkönnen zwarim

karomaß geübtw

erden, bei wörtern m

uß aber auf die führung

durch die senkrechten lin

ien verzichtet werden. //

darauf müssen sie achten:
gut geformte buchstaben,
gleichmäßige federhal-
tung und schräglage, re-
gelmäßige abstände zwi-
schen buchstaben, wörtern
und zeilen.

Hier sehen Sie deutlich die Hilfslinien, die zur Kontrolle der gleichmäßigen Schräglage dienen. Den Neigungswinkel können Sie steiler
oder flacher wählen. Linieren Sie stets nur zart mit weichem Bleistift, damit sich die Linien später leicht ausradieren lassen, und
verzichten Sie so bald wie möglich auf diese Hilfe.

2mm Federbreite

ABCDEFGH

ABCDE

IJKLMNO

MNO

PQRSTUV

S U

WXYZ

Majuskeln

ABCDEFGHIJ
KLMNOPQRST
UVWXYZ

ABCDEFGH
IJKLMNO
PQRSTUVW
XYZ

39

Nachdem Sie nun Minuskeln und Majuskeln einer Größe

sicher beherrschen, sollten Sie sich einen Text suchen, der gut zu dieser klaren, beherrschten Schrift paßt und der Ihnen gefällt und sollten mit einer ¾ mm breiten Flachfeder oder einer ½ mm - Feder ein Übungsblatt schreiben.

erst an einem langen Text können Sie wirklich die Schrift beherrschen lernen. Bitte verlieren Sie dabei nicht Sorgfalt und Geduld. Lassen Sie Fehler ruhig unkorrigiert stehen. Es soll hier mehr auf die Einübung eines einheitlichen Schriftbildes ankommen. Sie werden entdecken, daß sich die Geschwindigkeit des Schreibens nur soweit steigern läßt, wie die Sorgfalt das zuläßt. Jedenfalls werden Sie beim Ausführen dieser Übung bald in den ruhigen, regelmäßigen Schreibrhythmus finden, der zum Ausführen längerer Texte notwendig ist. Bitte versuchen Sie auch bei winzigen Größen, die Buchstaben genau, straff und gestochen scharf zu schreiben .

für Informationen schlicht

Großbuchstaben/Majuskeln

Jetzt sind Ihre Schreibkünste sicher weit genug fortgeschritten, so daß Sie die schönen gleitenden Schwünge der Großbuchstaben, auch Majuskeln oder Versalien genannt, bewältigen können. Ich habe bewußt bisher auf sie verzichtet, damit Sie sich an einen flüssigen Schreibrhythmus gewöhnen und den Grundaufbau der Schrift besser erkennen konnten. Majuskeln sind ja Betonungen im Schriftbild, Bonbons sozusagen, die das Auge des Lesers besonders anziehen und deshalb sicher beherrscht werden müssen.

Majuskeln der gebrochenen und der kursiven Schriften sind fast immer ungeeignet, in Wörtern oder Zeilen allein aufzutreten. Versalzeilen sind nur dann leserlich, wenn sie aus sehr klar geformten Buchstaben bestehen – und gerade diese stellen besonders hohe Anforderungen an den Schreiber, wie Sie am Schluß des Buches an der Vorlage für die Kapitalis gut erkennen können. Als hervorgehobene Einzelbuchstaben und Initialen lassen sich kursive Versalien aber besonders schön verwenden.

Wenn Sie die Majuskeln der Kursiven zu schreiben beginnen, werden Sie schnell entdecken, daß sie denselben Regeln wie die Minuskeln dieser Schrift unterliegen; Handhaltung und Federführung bleiben unverändert, und auch die Strichfolge entspricht weitgehend unserer normalen Handschrift. Nur die Schwünge sind großzügiger. Um Sie nicht unnötig einzuengen, habe ich drei unterschiedliche Ausführungsvorschläge gemacht.

Es ist am günstigsten für das Schriftbild, wenn die Majuskeln einer Kursivschrift deutlich niedriger sind als die Oberlängen der Minuskeln. Sie werden sonst im Text zu wichtig.

Für das Üben der Majuskeln erinnern Sie sich bitte an das Vorgehen beim Erarbeiten der Minuskeln. Sie sollten die Formen genauso sorgfältig studieren und erarbeiten, auch wenn jetzt die Kontrolle im Breitenraster des Karos schwieriger ist. Achten Sie bitte wieder auf korrekte Schräglage und auf saubere, straffe Ausführung der Balken und Schwünge.

… Üben, üben, üben…

Für Ihre Übungen hier noch einen praktischen Rat: Nachdem Sie die Buchstaben genau erarbeitet haben und sie auswendig beherrschen, sollten Sie das Schreibtempo und später auch die Schriftgröße und die Federstärke öfter wechseln. Bei langsamem Schreiben werden die Formen sorgfältig kontrolliert, bei schnellerem der Schwung und Schreibrhythmus verbessert. Seien Sie aber bitte gegen allzu große Flüchtigkeiten und auffällige Angewohnheiten stets kritisch. Es steht ja kein Lehrer neben Ihnen.

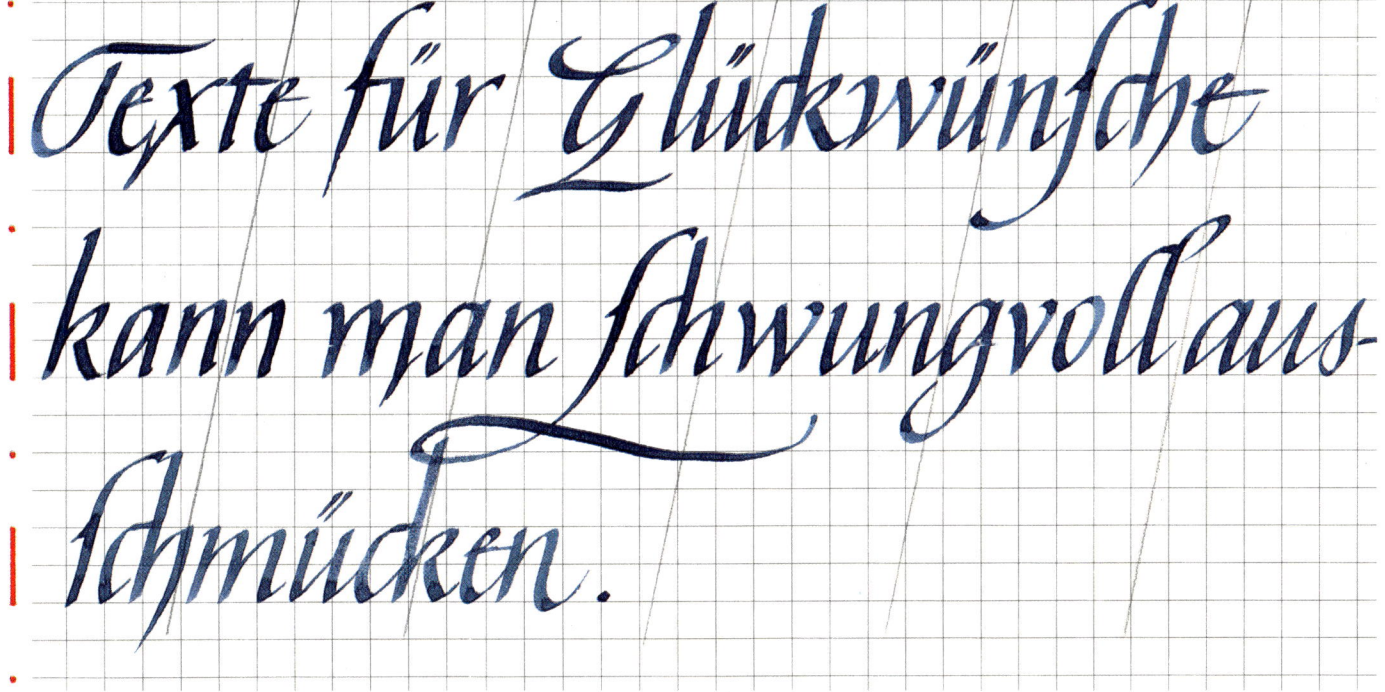

Texte für Glückwünsche kann man schwungvoll ausschmücken.

Zahlen und Zeichen ,  Ligaturen

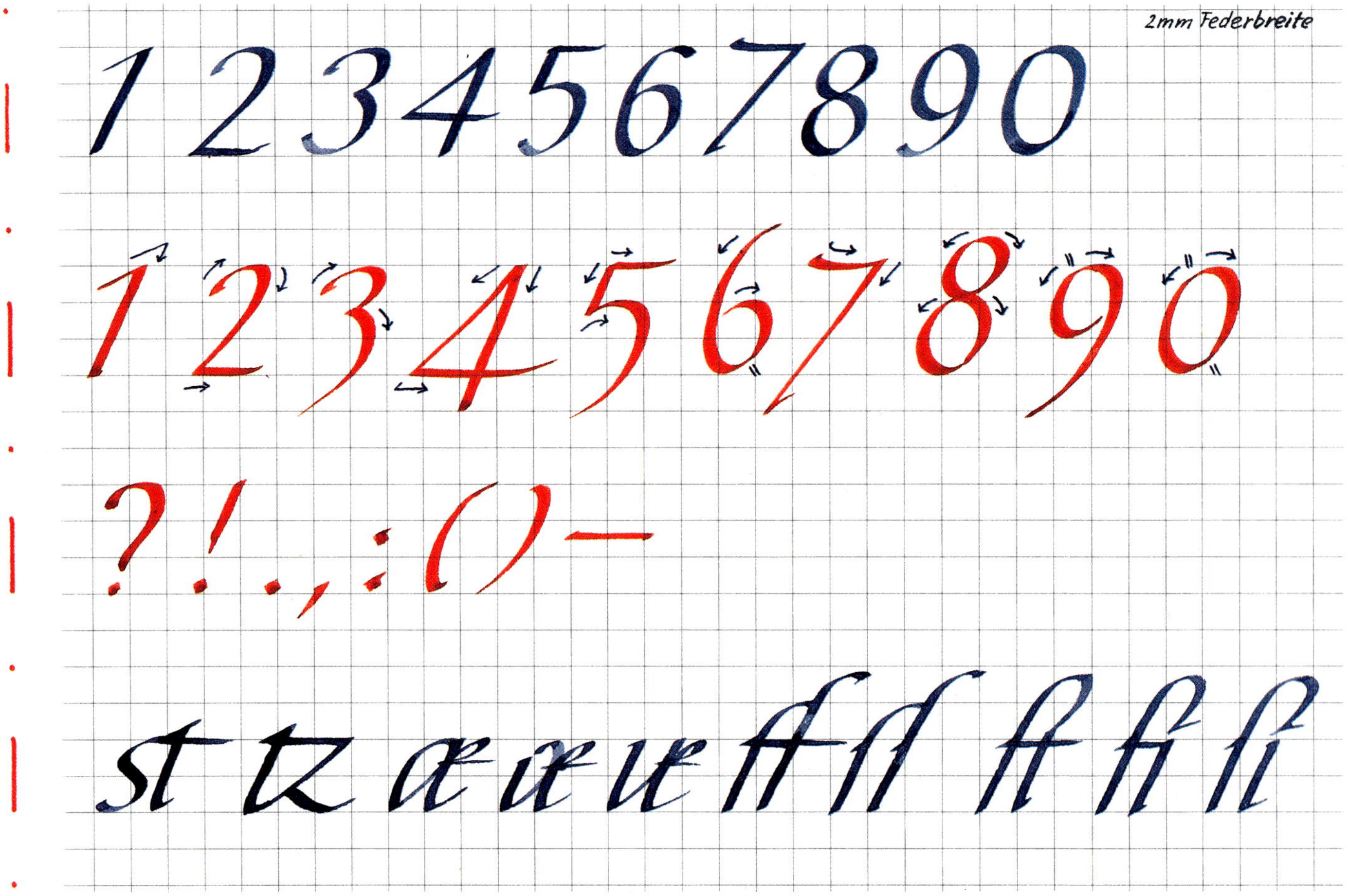

1 2 3 4 5 6 7 8 9 0

2mm Federbreite

1 2 3 4 5 6 7 8 9 0

? ! . , : O –

st tz œ œ ue ffl fll fl fli fli

Das Schriftmuster der humanistischen Kursiven ist jetzt nur noch durch wenige Zeichen zu vervollständigen.

Die Zahlen führe ich in zwei Varianten auf, wobei das Beispiel mit den unterschiedlichen Höhen das historisch richtige ist. Die gleich großen Zahlen sind zwar heute gebräuchlicher, aber nicht so unverwechselbar.

Mit Ligaturen werden Buchstabenverbindungen bezeichnet, die eine eigene Form innerhalb des Alphabetes bilden. Frü-

her wurden oft spontan Zusammenziehungen erfunden, um die Zeilenlängen einander anzugleichen. Ligaturen bereichern das Schriftbild sehr. Zeitweise nahm jedoch das Erfinden von Buchstabenverbindungen so extreme Formen an, daß die Lesbarkeit von Texten dadurch stark beeinträchtigt wurde. Besonders häufig findet man Ligaturen in Kursivschriften.

Das lange und das runde s

Für unsere heutigen Lesegewohnheiten befremdlich ist die Verwendung der langgezogenen Form, die nur bei Wort- und Silbenanfängen gebraucht werden kann. An Silben- und Wortenden kann dagegen nur eine der beiden runden Formen stehen. Diese alte gemischte Schreibweise ist eine schöne Variationsmöglichkeit, und ich benutze sie häufig, wenn Text und Verwendungszweck es zulassen.

ſ, s und s

Neben dem „s", das wir in der Schule schreiben lernten,

und dem „s", das in Druckschriften verwendet wird,

gab es in Kursivschriften von Anfang an auch eine

lange Form – das „ſ". Zuerst benutzte man entweder

die runde oder die lange Ausformung. Spæter setzte

sich eine gemischte Verwendung durch: Wœrter und

Silben begannen jeweils mit „ſ" und endeten mit „s"

oder „s". Diese Schreibweise galt noch bis in die erste

Hælfte unseres Jahrhunderts. Bei geeigneten Tex-

ten kann man sie auch heute noch verwenden.

Sehr geehrter Geschäftsfreund,

　　das Schriftbild dieses Briefes wird Ihnen
sicherlich bekannt vorkommen.

Variationen der Kursiven

Die humanistische Kursive ist eine leicht lesbare lateinische Schrift, die vielseitig eingesetzt werden kann. Durch die Veränderung einiger Elemente, wie Federstärke, Größe, Schreibgeschwindigkeit und Dichte, Trennung oder Verbindung der Buchstaben, verändert sie ihre Wirkung und läßt sich so jeder Aufgabe anpassen.

Auch das Bild Ihrer persönlichen Handschrift sollte sich durch die erworbene Fertigkeit im schönen Schreiben inzwischen deutlich verbessert haben.

Links: 6-mm-Plakatfeder und verdünnte Aquarellfarbe
Rechts: 1,5-mm-Kunstschriftfüller und Tinte
Alle anderen Schriften: Flachfedern, $\frac{1}{2}$, 1, 3 mm, und Fount India

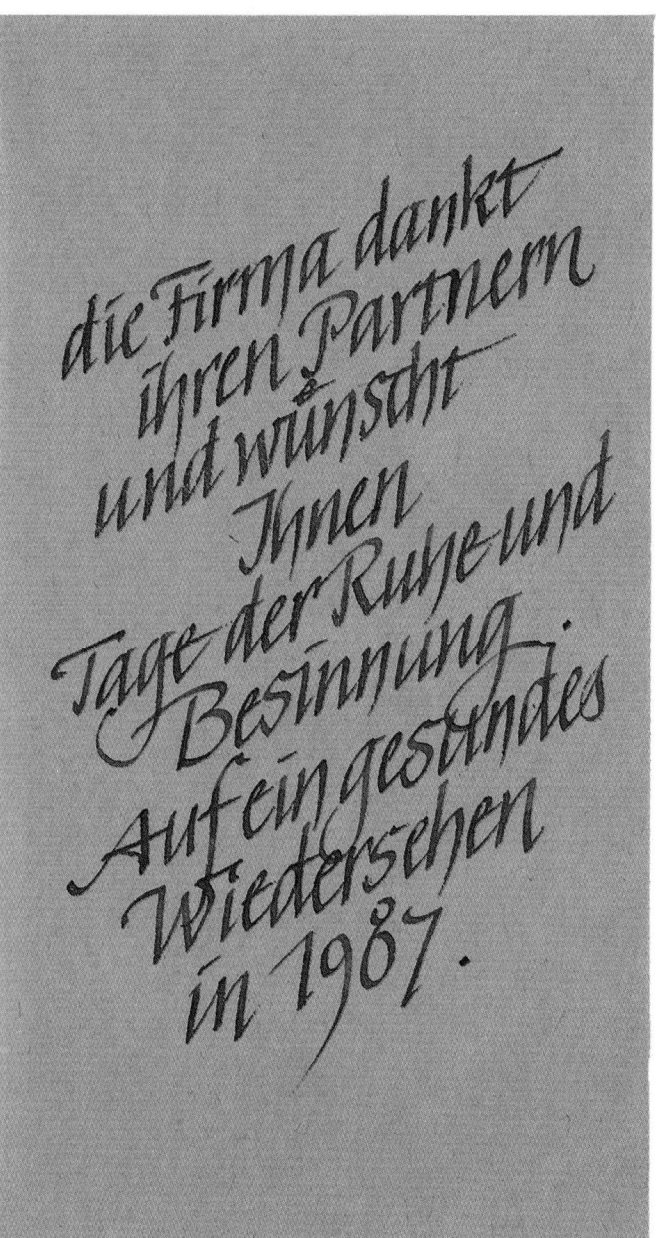

Spiel mit Formen und Zeichen:

Man braucht zuerst Mut zur Handhabung dieser breiten Federn, denn die Farbe läuft schnell heraus, man muß entschlossen und rasch arbeiten und die Farbe oft nachfüllen. Dazu tauche ich die Feder direkt in die Schreibflüssigkeit und streife sie nur kurz auf einem bereitliegenden Blatt ab. Sie können sehr gut Initialen und einzelne Wörter damit ausführen. Möchten Sie noch breitere Balkenstärken als 15 mm erreichen, können Sie auch mit einem kräftigen, breiten Pappstreifen (Reinzeichnungskarton) arbeiten, wie ich es beim Q getan habe. Mit Plakatfedern und Pappstreifen schreiben Sie am besten im Stehen.

Initialen.

Nachdem Sie nun die Kursive gründlich erarbeitet haben und wahrscheinlich mit Flachfedern schon recht sicher schreiben, sollten Sie Versuche mit den breiteren Plakatfedern machen. Üben Sie damit Schwünge und Haken, Federdrehungen, Buchstaben und Schriftzüge, zuerst langsam, später schwungvoll und mit Energie.

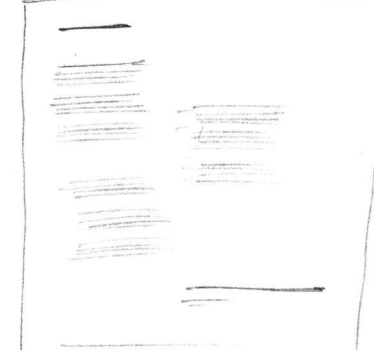

Papier weiß
oder getönt?
Zum Text
paßt grau.

Zu "modern"

(etwa 9 cm)

längste Zeile
eines Verses!

Dicht hinter Hagen ward es Nacht,
Und ich fühlte in den Gedärmen
Ein seltsames Frösteln. Ich konnte mich erst
Zu Unna im Wirtshaus erwarmen.

Dicht hinter Hagen ward es Nacht
Und ich fühlte in den Gedärmen
Ein seltsames Frösteln. Ich konnte mich erst
In Unna im Wirtshaus erwärmen

Dicht hinter Hagen ward es Nacht,
Und ich fühlte in den Gedärmen
Ein seltsames Frösteln. Ich konnte mich erst
In Unna im Wirtshaus erwärmen.

9 cm

Entwurf und Ausführung

Kaput X

Dicht hinter Hagen ward es Nacht,
Und ich fühlte in den Gedärmen
Ein seltsames Frösteln. Ich konnte mich erst
Zu Unna im Wirtshaus erwärmen.

Ein hübsches Mädchen fand ich dort;
Die schenkte mir freundlich den Punsch ein;
Wie gelbe Seide das Lockenhaar,
Die Augen sanft wie Mondschein.

Den lispelnd westfälischen Akzent
Vernahm ich mit Wollust wieder:
Viel süße Erinnerung dampfte der Punsch,
Ich dachte der lieben Brüder,

Der lieben Westfalen, womit ich so oft
In Göttingen getrunken,
Bis wir gerührt einander ans Herz
Und unter die Tische gesunken!

Ich habe sie immer so lieb gehabt,
Die lieben, guten Westfalen!
Ein Volk, so fest, so sicher, so treu,
Ganz ohne Gleißen und Prahlen.

Wie standen sie prächtig auf der Mensur
Mit ihren Löwenherzen!
Es fielen so grade, so ehrlich gemeint,
Die Quarten und die Terzen.

Sie fechten gut, sie trinken gut,
Und wenn sie die Hand dir reichen
Zum Freundschaftsbündnis, dann weinen sie;
Sind sentimentale Eichen.

Der Himmel erhalte dich, wackres Volk,
Er segne deine Saaten,
Bewahre dich vor Krieg und Ruhm,
Vor Helden und Heldentaten.

Er schenke deinen Söhnen stets
Ein sehr gelindes Examen,
Und deine Töchter bringe er hübsch
Unter die Haube — Amen!

Deutschland – ein Wintermärchen
Heinrich
Heine

Quadrat 1:1 (5:5)   4:5   Hochformate   3,5:5   3:5

Papier-formate

5:4

5:3,5

Beispiele für Textaufbau

Einteilung in Spalten   Einteilung in Blöcke

Querformate 5:3

Anordnungsskizzen für einen kurzen Text

Symmetrischer Aufbau   Asymmetrie

Das Gestalten von Texten, das Fertigen einer Reinschrift und die Möglichkeiten, etwas zu korrigieren:

Die ganze Mühe, die Sie auf das Erlernen einer schönen Schrift verwendet haben, lohnt sich erst dann richtig, wenn Sie sie auch anwenden. Sicher drängt es Sie, endlich Ergebnisse zu sehen.

Die Übungsblätter, die sich inzwischen angehäuft haben, geben Ihnen dazu erstes Material. Sie haben gelernt, ganze Seiten in guter Zeilenaufteilung und mit richtigen Buchstaben- und Wortabständen anzufertigen. Jetzt kommen noch die Verteilung der Schrift auf dem Blatt, die Verwendung unterschiedlicher Schriftgrößen, die Betonung durch Farben oder durch die Verwendung von Schmuckelementen dazu.

Skizzen helfen bei der Flächenaufteilung

Um eine Vorstellung von unterschiedlichen Lösungsmöglichkeiten zu bekommen, empfehle ich Ihnen, einige kleine Skizzen zu machen. Es genügt dafür eine flüchtige Ausführung. Zuerst überlegen Sie, welche Größe und Proportion die fertige Arbeit haben soll. Die Wahl des Formates ist häufig durch den Verwendungszweck festgelegt (zum Beispiel Grußkarte, Buchseite, Plakat, Bild). Die Schriftgröße wird vom Format und der Textmenge bestimmt und natürlich von Ihren Gestaltungsabsichten: Auf großem Format kann wenig und klein geschriebener Text wirkungsvoller sein als Buchstaben, die fast das Blatt füllen. Bei den Überlegungen zur Aufteilung eines Blattes spielen nämlich auch die leeren Flächen eine wichtige Rolle, und bei der Verteilung der Ränder ist zu beachten, daß der untere Raum deutlich größer sein soll als der obere. Dadurch wird verhindert, daß der Text optisch nach unten „herausfällt".

Wichtig ist auch, daß Sie nicht der Gestaltung zuliebe die Schrift verformen, also etwa am Zeilenende die Buchstaben dehnen oder zusammendrängen. Hier helfen eventuell Ligaturen. Ich rate aber von Blockgestaltung bei der Verwendung von Handschriften ab.

Weiter kann man überlegen, ob der Text übersichtlich in zwei oder drei Spalten gegliedert werden kann und ob unterschiedliche Schriftgrößen benötigt werden. Vermeiden Sie mehr als drei Größen; das Ergebnis wird dadurch zu unruhig. Vielleicht bietet sich die Hervorhebung einiger Wörter an, zumindest könnte aber der Anfangsbuchstabe (Initial) oder das erste Wort betont werden. Immer wenn Sie sie Möglichkeit haben, alte Schriftblätter zu sehen, sollten Sie sich neben der Schrift auch die Blattaufteilung ansehen. Das wird Ihnen bei Gestaltungsaufgaben helfen.

Schriftproben

Wenn Sie nun ungefähr eine Vorstellung von der Gestaltung Ihres Textes haben und einige kleine Skizzen dazu vor Ihnen liegen, machen Sie am besten ein paar Schriftproben in den vorgesehenen Ausführungsgrößen und mehreren Federstärken, damit Sie genau feststellen können, wieviel Raum Sie tatsächlich benötigen. Hierzu genügt natürlich ein kleiner Teil des Textes, aus dem Sie dann den Umfang der fertigen Arbeit abschätzen können (siehe Beispiel Seite 48/49).

Bei kleineren Arbeiten mache ich stets eine vollständige Probeausführung auf Übungspapier in der geplanten Größe, um mich einzuschreiben und um die Realisierbarkeit meiner Vorstellungen zu überprüfen. Das fertige Ergebnis sieht oft so aus, als wäre es rasch hingeworfen, und doch gehen fast immer viele Vorarbeiten und Fehlschläge voraus. Oft verändere ich nach einer Probe noch den Stand der Schrift auf dem Blatt, die Zeilenabstände oder die Schriftgröße. Dafür zerschneide ich die Probeschrift und lege die Teile auf einem anderen Blatt in neuer Anordnung zusammen. Schmuck und Initialen skizziere ich in der geplanten Farbe und lege sie mit auf.

Farbe: ja oder nein?

Für die farbige Gestaltung genügen sicher wenige Hinweise: je wichtiger die Lesbarkeit des Textes und je ernster sein Inhalt, desto weniger sollte mit Farbe gearbeitet werden. Zurückhaltende Farbigkeit ermöglicht auch bessere Konzentration auf die Gestaltung der Schriftformen. Die klassischen Farben für alte Handschriften waren Schwarz, Sepiabraun, Indigoblau und Rot, das häufig in einer bräunlichen Variante (Englischrot) verwendet wurde. Einige hervorgehobene Buchstaben und besonders die Initialen wurden auch in anderen, leuchtenden Farben oder in Blattgold ausgeführt. Allgemein gilt, daß sparsame Anwendung von Farben deren Wirkung erhöht. Schauen Sie sich alte handgeschriebene Bücher und Urkunden an, und versuchen Sie mit Hilfe dieser Anregungen, zeitgemäße Möglichkeiten zu finden. Sie sollten sich aber davor hüten, solche Vorlagen einfach nachzuarbeiten. Kunstwerke sind keine Strickmuster, und wir leben heute in einer ganz anderen Formenwelt.

Reinschrift

Wenn der Entwurf zu Ihrer Zufriedenheit ausgefallen ist, kommt der schwierige Teil der Ausführung: die Reinschrift. Vor dem leeren Blatt befällt Sie wahrscheinlich die Angst, gleich die ersten Buchstaben könnten mißlingen. Und es ist auch wirklich so: fast immer geraten mir die ersten Zeilen zu steif und vorsichtig, vergleiche ich sie mit dem Ende. Das wird sich auch bei viel Übung nicht völlig vermeiden lassen, denn die Handschrift entzieht sich der Normung, und wie das Aquarell verdirbt man sie durch zu große Vorsicht und durch nachträgliche Verbesserungsversuche. Gerade das ist aber auch der Reiz der Schrift: geben Sie ruhig zu, daß Sie nicht wie eine Maschine schreiben können. Diese Einstellung wird Sie ermutigen und Ihre Arbeit um so schwungvoller werden lassen.

Was Sie allerdings keinesfalls entbehren können, sind Ruhe und Konzentration für die gesamte Dauer der Ausführung und der Mut, die ganze Arbeit notfalls nochmal zu beginnen.

Linierung und vorgeschriebene Zeilen

Linierungen werden mit weichem, gut gespitztem Bleistift möglichst fein ausgeführt. Sie sollten aber sehr sparsam damit sein, denn viele Papierarten und auch einige Tuschen und Farben vertragen das Radieren schlecht. Sind die Hilfslinien hauchdünn, oder ist das Papier farbig, kann man sie oft stehenlassen. Ich verzichte oft auf Linierung und nehme leichte Unregelmäßigkeiten in Kauf.

Wenn Sie Schriftverteilung und -größe sehr genau vom Entwurf auf die Reinschrift übertragen wollen, sollten Sie die Arbeit auf einem Hilfsblatt in richtiger Größe vorschreiben, dann zerschneiden und zeilenweise oberhalb der zart linierten Zeilenaufrisse auf das Reinschriftblatt legen. So können Sie genau die vorgesehene Zeilenlänge und -plazierung einhalten, ohne etwa mit Bleistift vorschreiben zu müssen, was ganz verkrampftes Schreiben zur Folge hätte. Ich halte mich im allgemeinen nur ungefähr an den Entwurf. Das gestattet mir, lockerer zu arbeiten. Denn eine Reinschrift darf keinesfalls eine mechanische Handarbeit werden, und es widerspräche geradezu dem Charakter des Schreibens, wenn ein Schriftstück wie das andere würde.

Korrekturen

Schlimmer als Ungleichmäßigkeiten sind Schreibfehler. Auch mit großer Konzentration kann ich bei langen Texten den häufigsten Fehler, das Auslassen eines Buchstabens oder Wortes, nicht immer vermeiden. Unwillkürlich richtet sich die Aufmerksamkeit stärker auf den Sinn der Worte und die Form der Buchstaben als auf die Rechtschreibung. Ich rate dazu, bei längeren Schriftstücken lieber mal eine Korrektur durch sichtbares Einfügen eines Buchstabens vorzunehmen als zu radieren. Kurze Arbeiten wiederhole ich. Manchmal kann es jedoch unumgänglich sein, Buchstaben oder Kleckse zu entfernen: Tupfen Sie dann sofort die Farbe ab, und lassen Sie die Stelle gut trocknen. Mit einer sehr scharfen Klinge wird der Fehler dann so dünn wie möglich abgeschabt und die Korrekturstelle mit einem Stückchen Papier gleicher Sorte „geschmirgelt". Anschließend wird mit dem Falzbein oder dem Daumennagel geglättet. Jetzt kann man die Stelle mit wenig Schreibflüssigkeit in der Feder erneut überschreiben. Das Ergebnis ist aber auch bei viel Mühe leider häufig unbefriedigend. Am ehesten lassen sich Korrekturen noch auf dickeren Büttenpapieren oder auf echtem Pergament ausführen.

Linierung · die sich einfach entfernen läßt, die aber die Schriftgröße nur ungenau fixiert.

Linierung · die eine gute Führung für das Schreiben bietet, aber nur bei radierfesten Materialien entfernt werden kann.

Feler

Lonicera

L. periclymenum oder auch
»Waldgeißblatt« ist ohne
Zweifel die bekannteste und
auch auffallendste Art.
Ihre Blüten sitzen zu
mehreren in Gruppen, die
bei der Wildform auch
duften. Die Blütezeit ist
Juni bis Ende August.

Jelängerjelieber

Jelängerjelieber

... gibt es über die Entstehung verschiedene Mythen über den Ursprung
... Nach einem Mythe soll der gott Merkur, nach einer
... Merkur-Hermes und der Nymphe Carmenta, das
... erfunden haben. Bis in die neueste Zeit herrschte die
... Meinung, das lateinische Alphabet sei unmittelbar
entlehnt. ... Diese Annahme wurde nach dem ersten welt-
... Gelehrten M. Hammarström erschüttert durch die
Theorie der Entlehnung aus dem etruskischen bzw. ...
alphabeth als dem Bindeglied zwischen der griechischen ...
...schen Schrift.

... vorchristlichen Jahrhundert haben allmählich die
... für griechische Wörter kommen noch die ...
... ihre klassische Form erreicht. Zu ihrem ...
Sinn für das Schöne als auch das römische Streben nach ...
... Einfachheit beigetragen. ... Die ...
Schrift wurde auch Lapidarschrift nach dem ... bezeichnet
(lapis - der stein) und lag ... nach der rechtwinkligen Form ...
... gewahrt. Die Kapitale ist eine harmonische ...
Formen mit bogigen und geraden Linien mit ...
ebenso von einer Strenge der Moral als auch ...
... wille und gefühl sowie geist und körper ...
vollkommenen gleichgewicht. Diese schriftpsychologische ...
... wird uns viel verständlich, wenn wir in betracht ...
die blütezeit der römischen kapitale unter ... den größten ...

Die Geschichte der Schrift

Wer hat die lateinische Schrift erfunden?

Die Herkunft unserer Schrift

„Niemand hat unsere Schrift erfunden", müßte man selbstverständlich auf die Frage nach dem Erfinder antworten, denn sie entwickelte sich nach und nach. Schon etwa 700 Jahre vor unserer Zeitrechnung kam sie über das Frühetruskische aus dem Frühgriechischen und verbreitete sich durch den Handel.

Die Griechen benutzten bereits vor dem 8. Jahrhundert vor Christus ein vollständiges Alphabet, dessen Konsonanten aus dem Altphönikischen stammten. Sie wurden (nach Földes-Papp) wahrscheinlich von einem nordsemitischen Schriftverständigen entwickelt, der die damals gebräuchlichen Begriffs- und Silbenschriften aus Mesopotamien und besonders die aus Ägypten (Hieroglyphen) offenbar gut kannte und Formen daraus übernahm. Er „erfand" die ersten Buchstaben – eine Leistung, die das rationale Denken und damit die Entwicklung vieler Kulturen einschließlich unserer maßgeblich beeinflußte.

Schriften der Römer

Aus den anfangs noch recht einfachen Buchstabenformen hatten die Römer bereits zu Beginn unserer Zeitrechnung eine Schrift gebildet, die bis heute eine der schönsten ist: die monumentale Capitalis romana. Alle späteren abendländischen Schriften sind von ihr beeinflußt.

Diese Schrift, die wir in vollkommener Form auf der Trajanssäule sehen können, ist eigentlich unschreibbar, denn nachdem sie mit dem Flachpinsel auf den Stein vorgeschrieben war, erhielt sie ihre endgültige Form durch den Meißel des Steinmetzen. Es gab aber auch mehrere Schreibformen dieser Schrift, alle nur aus Versalien gebildet: Für Bücher (noch in Rollenform) und für Urkunden wurde mit der flachgeschnittenen Rohrfeder langsam und sorgfältig die Capitalis quadrata geschrieben, praktischer und rascher die Capitalis rustica und mit spitzer Feder oder dem Griffel die ältere römische Kursive für alltägliche Schreibarbeiten. Bei dieser Aufgabenteilung blieb es im Grunde bis heute. Immer haben sich Gebrauchs- oder Kursivformen und Buchschriften, die späteren Druckschriften, gegenseitig beeinflußt, und so entstanden allmählich neue Schriftarten. Aus der Kapitalis wurde unter dem Einfluß der älteren Kursiven die römische Unziale. Die jüngere römische Kursive veränderte die Kapitalis in die Halbunziale, die aus der Kursiven die ausgeprägten Ober- und Unterlängen einiger Buchstaben übernahm. In England und Irland schrieb man etwas später besonders schöne Ausprägungen der Halbunzialen.

Die karolingische Minuskel

Durch die bewußte Förderung klarer Sprache und Schrift unter Karl dem Großen bildete sich die harmonisch gegliederte, leicht schreib- und lesbare karolingische Minuskel aus, die rasch die wichtigste Buch- und Urkundenschrift Westeuropas wurde. Oft schmückte man sie mit Majuskeln aus den beiden römischen Kapitalschriften und der Unziale.

Gotische Schriften

Im Stilwechsel von Romanik zu Gotik wurde in Nordeuropa die Schreibweise immer enger, und aus den Rundformen bildeten sich allmählich eckige: Die Schrift wurde „gebrochen". Es entstand die Textur, zu der sich auch eigene Majuskelformen bildeten, die aber ebenso mit Kapital- oder Unzialformen geschmückt wurde. Eine flüssig schreibbare Form entwickelte sich in der gotischen Kursiven. In Italien und Spanien entstand statt der gebrochenen Textur die gerundete Rotunda.

Die Antiqua

Am Ende des Mittelalters wurde dann die karolingische Minuskel erst in Italien, bald darauf auch im Norden wiederentdeckt und zur humanistischen Minuskel weiterentwickelt. Diese ließ sich sehr harmonisch mit Majuskeln der Capitalis monumentalis verbinden, und als man von der Kleinschreibung aller Worte abging, verschmolzen die beiden Schriftarten zu einem Doppelalphabet: Die Antiqua war entstanden. Sie fand von Anfang an besondere Verwendung als Druckschrift.

Eine gut und schnell schreibbare Variante der humanistischen Antiqua, die humanistische Kursive, fand rasch allgemeine Verbreitung und ist das Vorbild unserer heutigen lateinischen Handschrift.

Die „deutschen" Schriften

Aber auch die gebrochenen Schriftformen entwickelten sich weiter. Sie behielten in Frankreich, Holland und besonders im Gebiet des heutigen Deutschland große Bedeutung. Schwabacher und Fraktur bildeten sich aus; gotische Kursivformen beeinflußten verschiedene Schreibschriften bis hin zu der vielen noch bekannten Sütterlinschrift. Der Meinungsstreit um die „deutsche" oder „welsche" Schreibweise zog sich durch mehrere Jahrhunderte hin und wurde nach einem geradezu lächerlichen Hin und Her der offiziellen Schriftarten im Dritten Reich erst in der Mitte unseres Jahrhunderts endgültig entschieden. Europas Schrift und die vieler anderer Länder der Erde ist lateinisch.

Handschrift heute

Ende des vorigen Jahrhunderts entstand eine Bewegung gegen den Verfall der Handschrift, der sich damals bereits abzeichnete. Zuerst ging es um die Wiederbelebung des Handwerklichen, der Kalligraphie. Dann wurde das Schreiben aber auch als Ausdrucksmöglichkeit für Individualität und Kreativität entdeckt. Bis heute hat sich daraus durch eine Reihe von Schreibkünstlern eine Schriftkultur entwickelt, die sich die Verbindung von Textinterpretation und persönlichem Ausdruck zur Aufgabe macht. Damit ist Schreiben heute anderen bildnerischen Gestaltungsmöglichkeiten gleichzusetzen, und das Schreiben könnte den Stellenwert erlangen, den es in Asien schon lange hat.

Stele des Mesa, König des alten Moabiterlandes (um 840 vor Christus). Althebräische (moabitische) Sprache und altphönikische Schrift, linksläufig

GESCHRIEBENE SCHRIFTEN

MAJUSKELN

Majuskelkursive oder ältere römische Kursive, 2. und 3. Jahrhundert

Capitalis quadrata, Capitalis rustica und römische Unziale, 4. bis 9. Jahrhundert Varianten davon bis zum 16. Jahrhundert

MINUSKELN

Minuskelkursive oder jüngere römische Kursive, 3. bis 10. Jahrhundert

römische Halbunziale, 3. bis 9. Jahrhundert

Irische (und angelsächsische) Halbunziale, 6. bis 10. Jahrhundert

Karolingische Minuskel, 8. bis 12. Jahrhundert

LAPIDARSCHRIFTEN
(in Stein gemeißelt)

Entwicklungsformen von R und N

Archaisches Latein, etwa 600 vor Christus

Klassisches Latein, seit 350 vor Christus

Capitalis monumentalis, auch Capitalis romana genannt, 1. Jahrhundert

RUNDE SCHRIFTEN

Rotunda, 13. und 14. Jahrhundert,
Südeuropa

Humanistische Antiqua, 15. und
16. Jahrhundert

Humanistische Kursive, auch Cancelleresca
genannt, 15. bis 18. Jahrhundert

Klassizistische Kursive, Variante der humanistischen Kursiven

Lateinische Spitzfederkurrent, 19. und
20. Jahrhundert

Vereinfachte Ausgangsschrift

GEBROCHENE SCHRIFTEN

Gotische Textur, 13. bis 15. Jahrhundert

Gotische Kursive, 13. bis 16. Jahrhundert

Fraktur, 16. bis 18. Jahrhundert

Drei gebrochene Kurrent- und Kanzlei-
schriften, 16. bis 19. Jahrhundert

Deutsche Schreibschrift (Sütterlin), erste
Hälfte des 20. Jahrhunderts

GEDRUCKTE DOPPELALPHABETE

Textura, 15. und 16. Jahrhundert

Fraktur, 16. bis 20. Jahrhundert

Ältere Antiqua, 16. bis 20. Jahrhundert

Jüngere Antiqua, 18. bis 20. Jahrhundert

Grotesk, 19. und 20. Jahrhundert

Digitalschrift, Ende des 20. Jahrhunderts

Vergleicht man die abendländischen Schriftarten miteinander, so fällt auf, daß die Majuskeln in ihrem Aufbau der klassischen Kapitalis noch weitgehend entsprechen. Deshalb zeige ich hier ein vereinfachtes Muster dieser Schrift, das auch als Grundlage für gezeichnete oder geschriebene Groteskschriften dienen kann. Höhen- und Breitenaufteilungen sind deutlich zu sehen. Sie können auch erkennen, daß für den optischen Höhenausgleich die Spitzen und Rundungen leicht über die Zeile hinausragen. Die Querbalken liegen etwas höher oder tiefer als die tatsächliche Mitte. Das M benutzt man heute allerdings fast ausschließlich mit senkrechter Seitenbegrenzung, wie es unten rechts in der Übersicht zu sehen ist

Proportions - Übersicht für Majuskeln

60

Auf den folgenden Seiten habe ich Schreibvorlagen der wichtigsten Schriftarten zusammengestellt: humanistische Antiqua, Unziale, Textur und Fraktur, humanistische Kursive, römische Kapitalis. Jeder dieser Schriften könnte man ein ganzes Übungsbuch wie das vorliegende oder doch wenigstens ein umfangreiches Kapitel widmen. Wenn Sie jedoch die humanistische Kursive sorgfältig erarbeitet und damit bereits gute Fertigkeit im Schreiben erworben haben, können Sie nach dem Aufbau der Übungen für die Kursive auch andere Schriften erlernen. Ich habe jedem Alphabet eine Zusammenstellung der wichtigsten Grundformen beigefügt, die Sie als erstes gründlich erarbeiten sollten. Davon ausgenommen ist nur die römische Kapitalis auf Seite 70. Diese ist ursprünglich ja eine Lapidarschrift (in Stein gemeißelt) und läßt sich nur schwer schreiben. So muß die Feder für einige Balken in unterschiedlichen Winkeln angesetzt werden. Viele Feinheiten müssen entweder mit den Federecken

oder nachträglich mit einer spitzen Zeichenfeder ausgeführt werden. Wegen ihrer besonderen Bedeutung für die abendländische Schriftentwicklung und der Harmonie ihrer Formen habe ich sie trotz dieser Schwierigkeiten hier aufgenommen.

Die humanistische Kursive wird nochmals gezeigt, diesmal vollständig im Zusammenhang auf einer Doppelseite, damit Sie die wichtigsten Schriftarten übersichtlich beieinanderfinden.

In der nebenstehenden Proportionsübersicht erscheinen die Buchstaben in den Höhen- und Breitenverhältnissen der Kapitalis. Vergleichen Sie die Unziale oder die humanistische Antiqua damit, werden Sie weitgehende Übereinstimmung finden. Auch in so stark veränderten Schriften wie der Textur oder der Fraktur ist der Grundaufbau oft noch zu erkennen. Die meisten der heute gebräuchlichen Druckschriften basieren ebenfalls darauf. Das W ist aber oft noch breiter gestaltet als abgebildet. Das M ist außen häufig senkrecht.

Beim Schreiben oder Zeichnen von Majuskeln sollten Kreisformen und Spitzen allerdings etwas über die Schreiblinie hinausragen, damit die betreffenden Buchstaben nicht zu klein wirken und die Proportionen stimmen.

Etwas Wichtiges muß ich hier aber ganz deutlich feststellen: bei den gezeigten Alphabeten handelt es sich nicht um allein mögliche Formen. Eine einzige Kursive oder Textur gibt es nicht. Es finden sich von jeder Schriftart zahlreiche Ausformungen, kunstvollere und flüchtigere Varianten. Wenn Sie von meinen Vorlagen abweichen möchten, sollten Sie allerdings streng darauf achten, daß kein Stilmischmasch entsteht. Orientieren Sie sich möglichst an Originalhandschriften. Sie werden erst jetzt, da Ihr Auge besser geschult ist, auf schreiberische Feinheiten zu achten, die unterschiedlichen Qualitäten sehen und die Schönheit oder Dynamik mancher Schriftform sachverständig bewundern können.

Humanistische Antiqua

Unziale

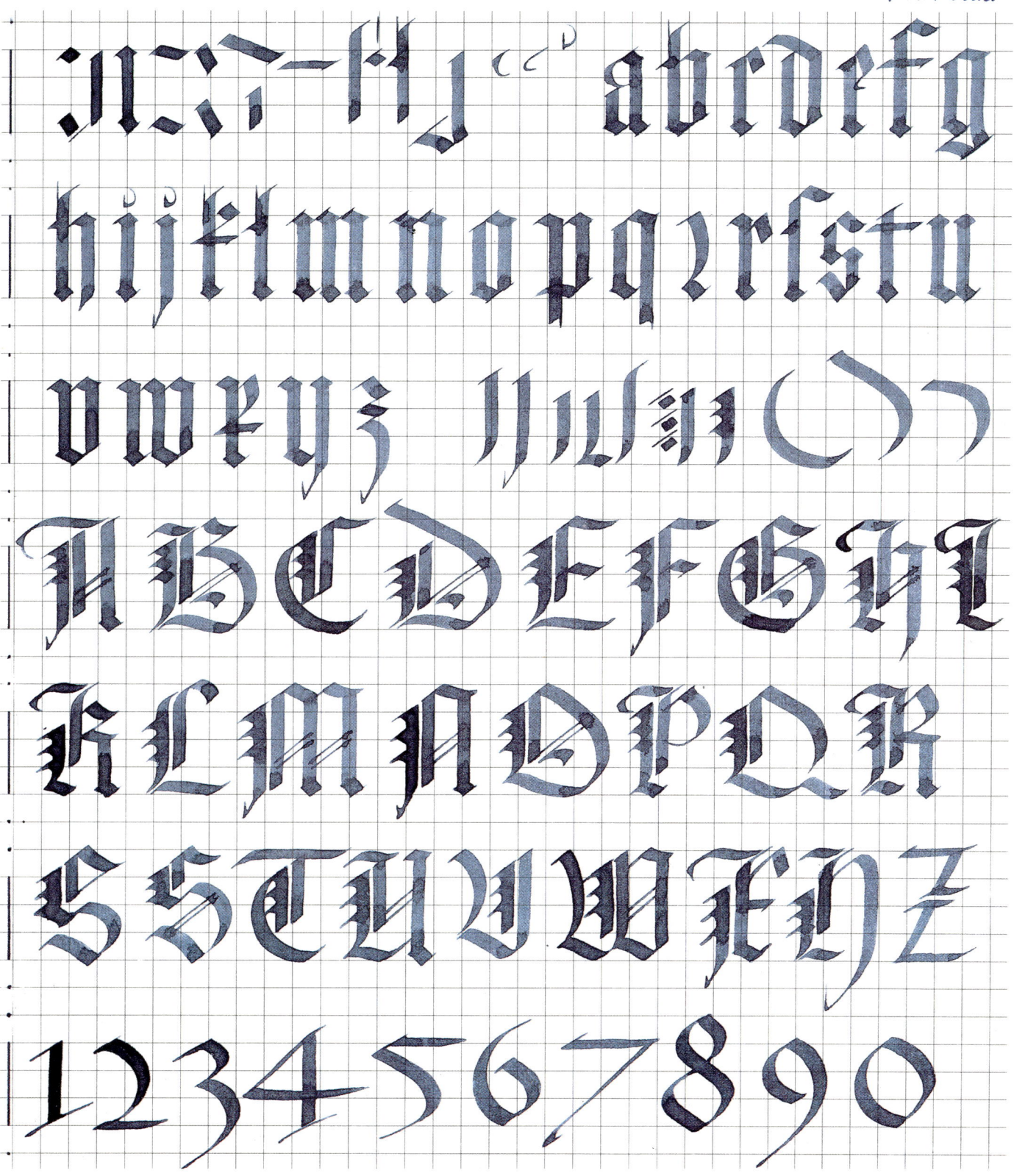

Textur

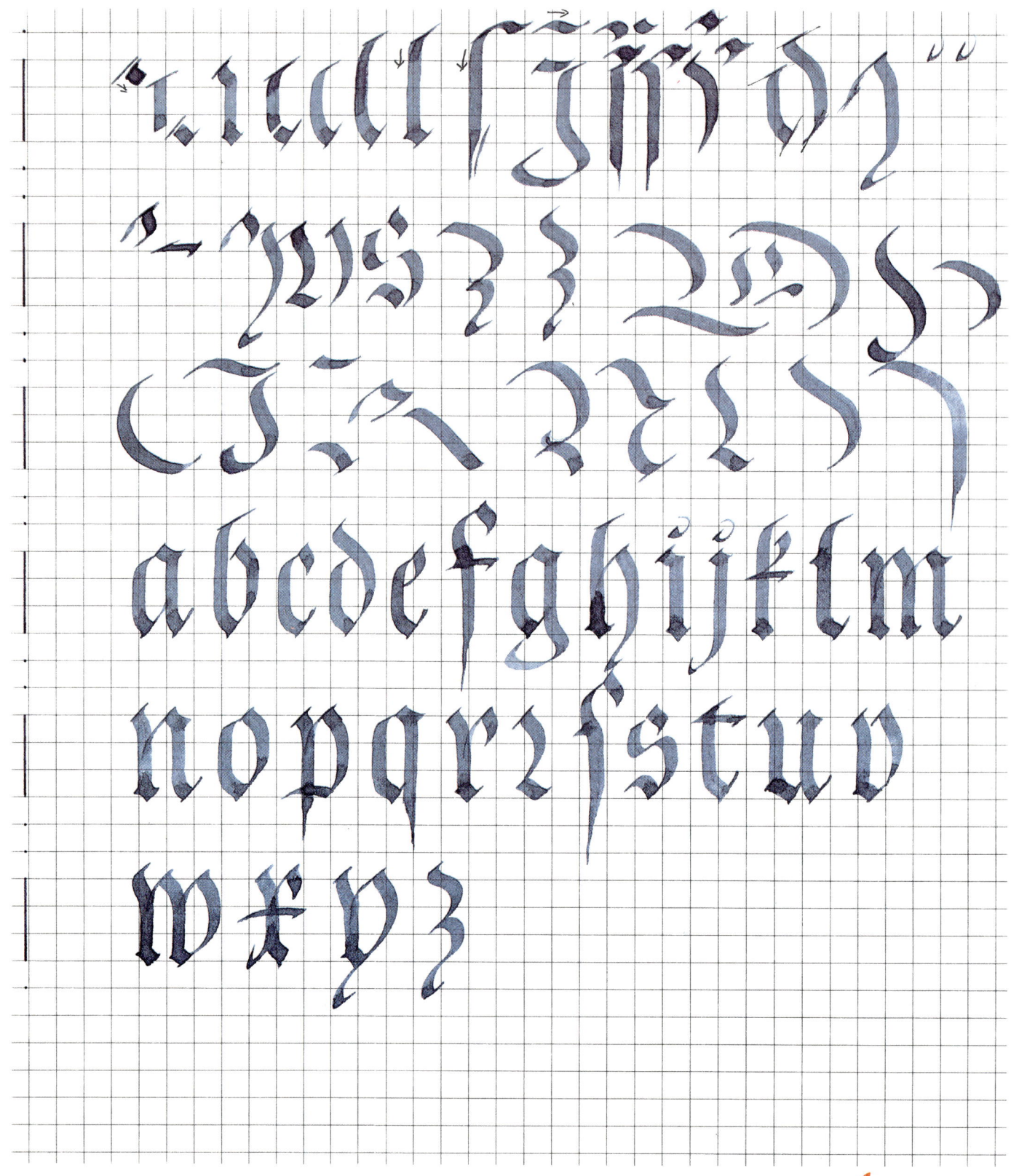

abcdefghijklm
nopqrsstuv
wxyz

Fraktur

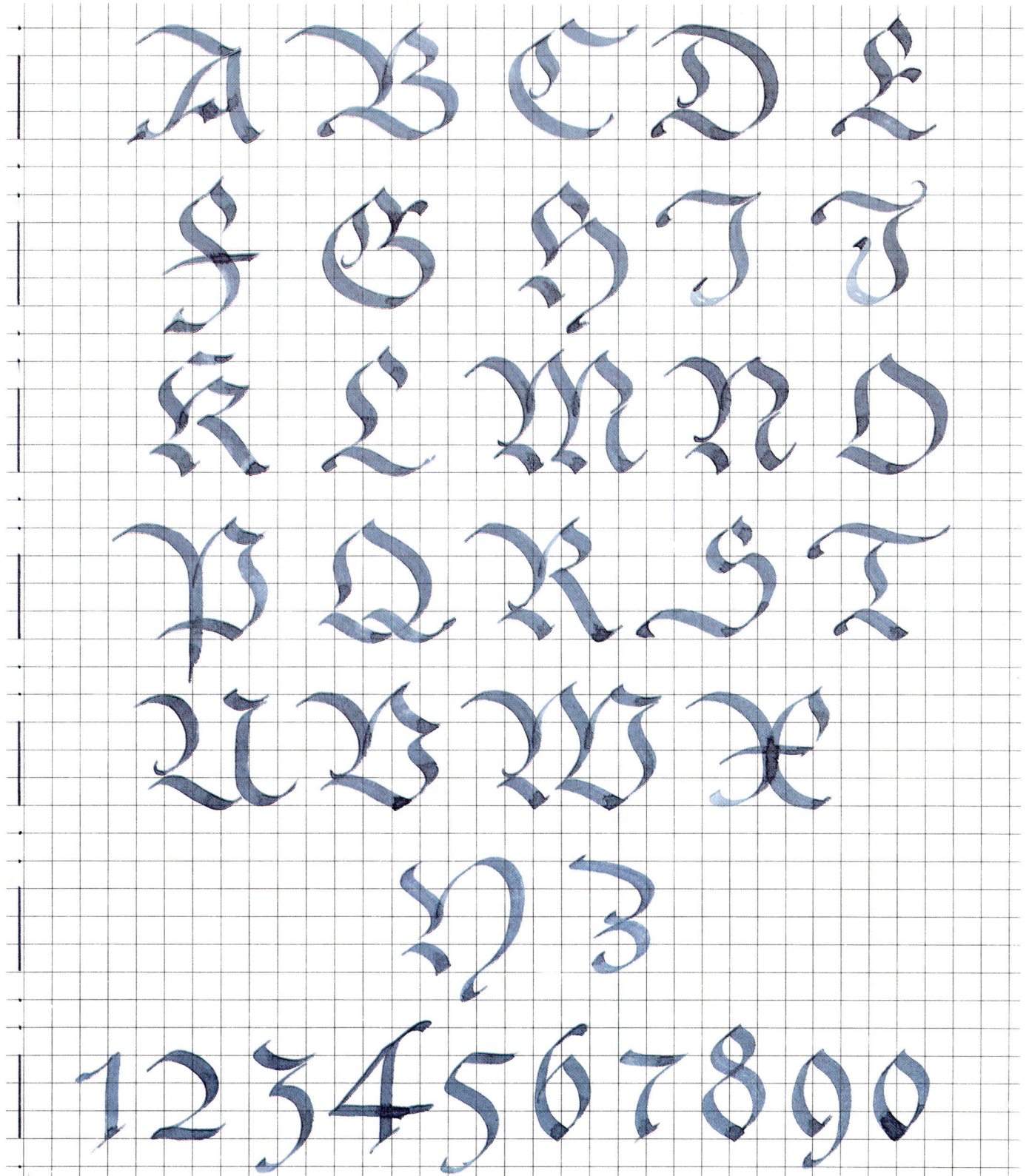

abcdefghijklmn
opqrstuvwxyz
ßſlſlſlſtſtzæœeu
chet
1234567890

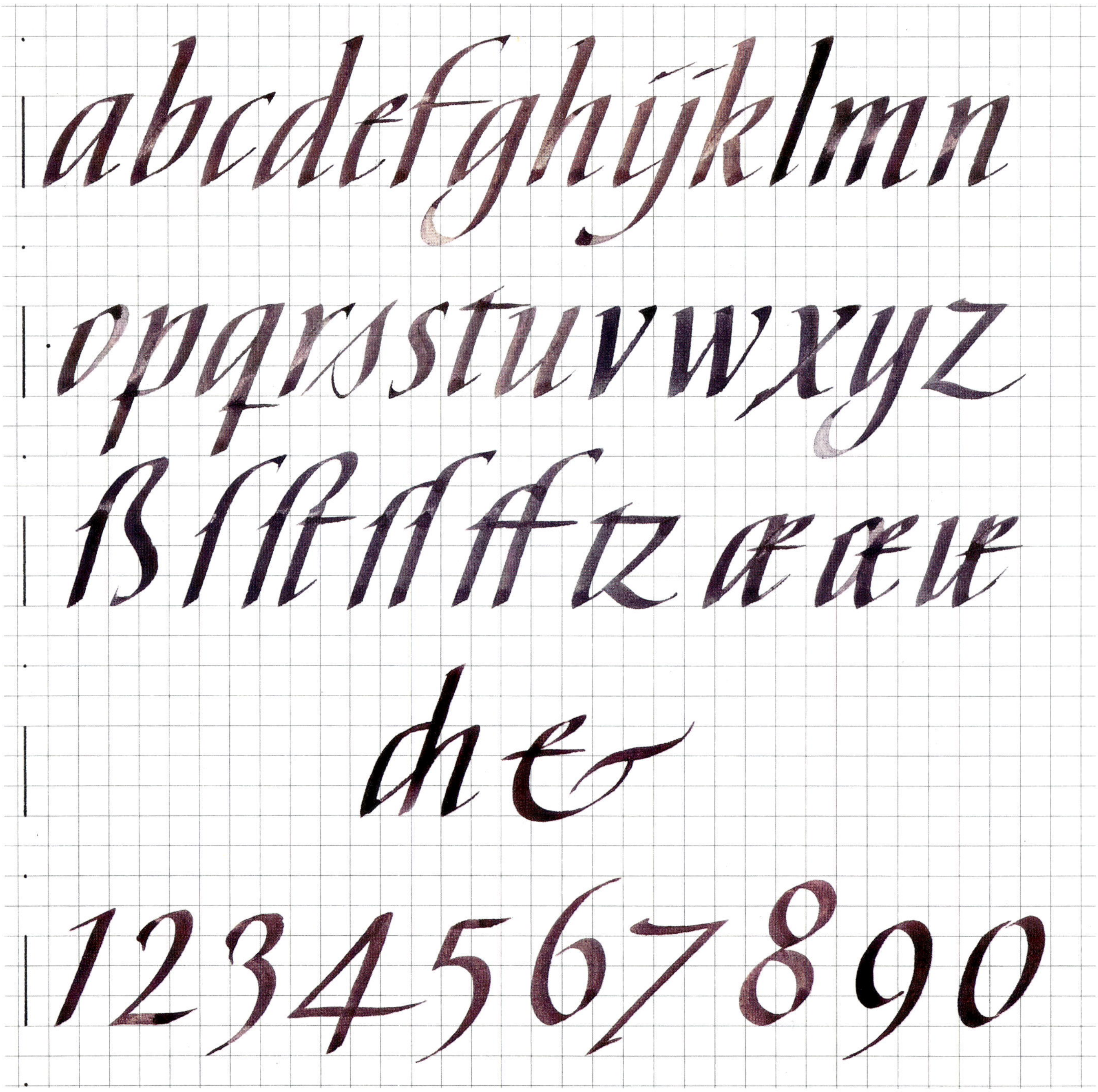

Humanistische Kursive

A B C D E F

G H I J K L

M N O P Q

R S T U V

W X Y Z

2,5 mm - Feder

Römische Kapitalis

Die Schwierigkeit beim Schreiben dieser Schrift liegt in den wech-
selnden Ansatzwinkeln der Feder und im Zeichnen der Serifen

Zu meinen Arbeiten

Meine Handschrift war unordentlich und schwer zu entschlüsseln. Gleichzeitig schwärmte ich schon als Schülerin für kunstvolle Handschriften in alten Büchern und heftete eine Schriftprobe von Goethe an die Wand meines Zimmers.

Mir schien kein Zusammenhang zwischen der eigenen Handschrift und der Kalligraphie zu bestehen. Drückt die eine nicht

den Charakter des Schreibers aus, und die andere dient dem Inhalt des Textes und dem Verwendungszweck? Andererseits beweist Goethes Handschrift, daß es keinen Verrat am Charakter bedeutet, wenn man die Formen der Schrift besser zu beherrschen lernt, als es uns in den wenigen Grundschuljahren beigebracht wird. Er übte und verbesserte seine Handschrift ganz bewußt auch noch als Erwachsener – nur wußte ich das damals noch nicht.

Als ich mich dann selbst mit dem „Schönen Schreiben" zu beschäftigen begann, faszinierte mich der Formenreichtum alter Schriften immer stärker. Aber es dauerte noch lange, bis ich begriff, daß Schrift noch mehr als Kalligraphie sein und daß man sie dem Wortsinn anpassen kann. Im besten Fall gelingt es dem Schreiber, Textinhalt und eigene Aussage dazu im Bild der Schrift wiederzugeben. Hier wird Schreiben wieder „Handschrift", ganz persönliche Aussage. Auf den folgenden Seiten zeige ich einige meiner Arbeiten.

O
Fortuna
rasch wie Luna
wechselhaft
und
wandelbar

1. O Fortuna

2. So geschieht

3. Rechter Wandel

I O Fortuna

II Sors immanis
et inanis,
rota tu volubilis,
status malus,
vana salus
semper dissolubilis,
obumbrata
et velata
michi quoque niteris;
nunc per ludum
dorsum nudum
fero tui sceleris.

Sors salutis
et virtutis
michi nunc contraria,
est affectus
et defectus
semper in angaria.
Hac in hora
sine mora
corde pulsum tangite;
quod per sortem
sternit fortem,
mecum omnes plangite!

III Sors salutis

1.9.77
Ingrid Schade.

Venus lächst zur Stund
flammen also heiße,
daß ich liebeswund
irdschem Trank und Speise
muß entsagen und
nur mit nektar leise kühlen
meinen Mund.

Singen könnt' ich
singen. singen
dir ein zärtlich
ständchen bringen.

freuen werd ich
freuen. freuen
mich an dir
und nichts bereuen.

spielen will ich
spielen. spielen
deine königin
mich fühlen.

lachen möcht ich
lachen. lachen
deine heiße lust
entfachen.

komm. mein freund.
verschwende
dich.

73

Canto general

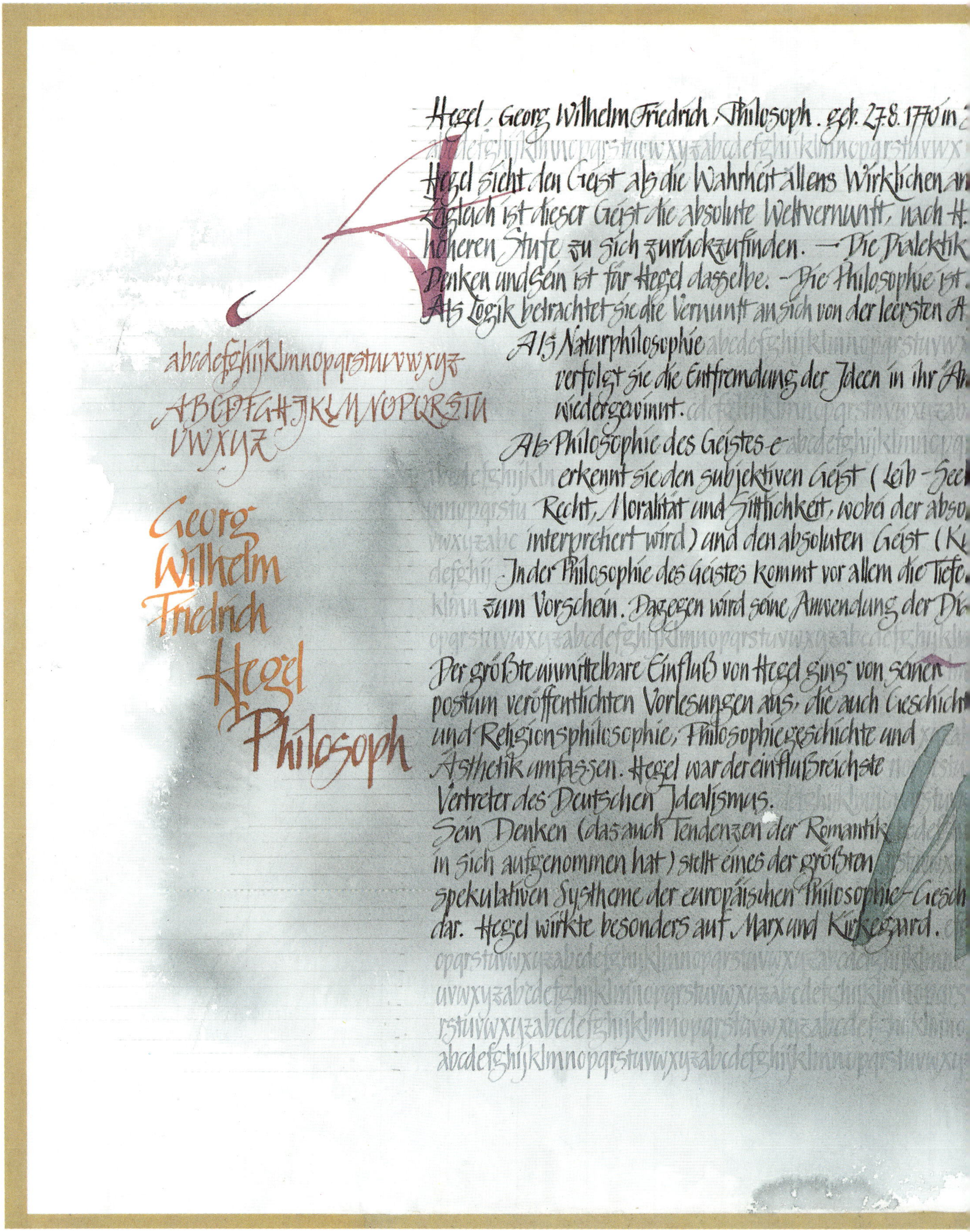

abcdefghijklmnopqrstuvwxyz
ABCDFGHIJKLMNOPQRSTU
VWXYZ

Georg
Wilhelm
Friedrich
Hegel
Philosoph

Hegel, Georg Wilhelm Friedrich. Philosoph. geb. 27.8.1770 in

Hegel sieht den Geist als die Wahrheit allens Wirklichen an
Zugleich ist dieser Geist die absolute Weltvernunft, nach H.
höheren Stufe zu sich zurückzufinden. — Die Dialektik
Denken und Sein ist für Hegel dasselbe. — Die Philosophie ist.
Als Logik betrachtet sie die Vernunft an sich von der leersten A

Als Naturphilosophie
verfolgt sie die Entfremdung der Ideen in ihr An
wiedergewinnt.

Als Philosophie des Geistes e
erkennt sie den subjektiven Geist (Leib - See
Recht, Moralität und Sittlichkeit, wobei der abso
interpretiert wird) und den absoluten Geist (K
In der Philosophie des Geistes kommt vor allem die Tiefe
zum Vorschein. Dagegen wird seine Anwendung der Dia

Der größte unmittelbare Einfluß von Hegel ging von seinen
postum veröffentlichten Vorlesungen aus, die auch Geschich
und Religionsphilosophie, Philosophiegeschichte und
Ästhetik umfassen. Hegel war der einflußreichste
Vertreter des Deutschen Idealismus.
Sein Denken (das auch Tendenzen der Romantik
in sich aufgenommen hat) stellt eines der größten
spekulativen Systheme der europäischen Philosophie-Gesch
dar. Hegel wirkte besonders auf Marx und Kirkegard.

Zu meinen Arbeiten:

Der Schriftzug auf Seite 71 ist ein Plakatentwurf, ausgeführt mit einem Pappstreifen und Aquarellfarbe (50% verkleinert)

Auf den Seiten 72 und 73 sehen Sie Texte, die ich entweder selbst zu einer Illustration des Inhalts zu formen versucht habe oder bei denen ich Text, Schrift und Zeichnung zu einer Einheit bringen wollte:

Seite 72 oben: „O Fortuna, rasch wie Luna…" aus dem Buch „Carmina Burana", eine von mir geschriebene und illustrierte Auswahl aus der Benediktbeurer Liedersammlung, Rohrfeder und Aquarellfarben auf Bütten (33 x 34 cm)

Seite 72 unten: Entwurf zu „Carmina Burana" mit Rohrfeder und Aquarellfarbe

Seite 73: Liebeslied, Bearbeitung eines eigenen Textes mit Japanpinsel und Tempera auf Bütten (50 x 65 cm)

Seite 74 zeigt ein Blatt aus der Serie „KAIN", Flachfeder und Fount India auf Ingres (50 x 60 cm)

Seite 75 oben: Interpretationsversuch des Wortes „Erosion", Rohrfeder und Fount India (Originalgröße)

Seite 75 unten: Entwurf für ein Plakat, Aststück und Tempera auf Bütten (50% verkleinert)

Auf den Seiten 76 und 77 sehen Sie ein Übungsblatt, mit Flachfeder und Aquarellfarben auf Ingres geschrieben (62 x 46 cm); die Schrift ist eine eigene Variante der humanistischen Kursiven

Kleines Lexikon

Alphabet
Sammlung aller Buchstaben einer Schrift

Antiqua
Im 16. Jahrhundert entstandene Schrift aus Majuskeln der Kapitalis und karolingischen Minuskeln; bis heute in ganz Europa verwendete Druckschrift

Blocksatz
Schriftblock, der rechts und links bündig (senkrecht untereinander) abschließt

Blockschrift
Schrift mit optisch gleichstarken Balken ohne Serifen

Bütten
Papier aus Hanf-, Leinen- oder Seidenbrei, auch aus zerfaserten Lumpen (Hadern)

DIN-Formate
Papiergrößen nach der Deutschen Industrie-Norm

Doppelalphabet
Alphabet mit Groß- und Kleinbuchstaben

Duktus
Eigenart eines Schriftzuges

Fabriano
Italienisches Bütten

Flattersatz
Schriftanordnung, deren Zeilen unterschiedlich lang sind und nach inhaltlichen und ästhetischen Gesichtspunkten angeordnet werden

Fraktur
Gebrochene Schriftform; im 16. Jahrhundert aus der Textur entstanden; neben der Antiqua in ganz Europa gebräuchlich; nach der Mitte des 20. Jahrhunderts abnehmende Bedeutung

Gleichzug
Durch Verwendung gerundeter oder spitzer Schreibgeräte fallen alle Einzelelemente eines Buchstabens gleich breit aus

Gotische Kursive
Gebrochene Schriftform des 14. und 15. Jahrhunderts; flüssiger schreibbar als die Textur

Grotesk
Anfang des 19. Jahrhunderts entstandene Schriftform ohne Verzierungen; neben der Antiqua Europas wichtigste Druckschrift

Halbunziale
Gerundete Schrift des 5. bis 9. Jahrhunderts, die beginnende Kleinbuchstabenformen aufweist

Hieroglyphe
Griechisch: heilige Einkerbung, Bilderschrift; besonders bekannt sind die altägyptischen Hieroglyphen

Humanistische Minuskel
Weiterentwicklung der karolingischen Minuskel; Vorläuferin der Antiqua

Ingrespapier
Nach dem französischen Maler Ingres benanntes farbiges Papier oder weißes Papier leichter Büttenqualität

Initial
Hervorgehobener, oft besonders geschmückter Anfangsbuchstabe eines Textes oder Namens

Kalligraphie
Schönes Schreiben, Schönschreibkunst

Kapitalis (Capitalis)
Schrift des römischen Altertums

Karolingische Minuskel
Zur Zeit Karls des Großen entstandene Buch- und Urkundenschrift, zwischen dem 9. und 12. Jahrhundert in ganz Europa verbreitet

Kurrent, Kursive
Laufschrift; flüssig schreibbare Gebrauchsform; häufig nach rechts geneigt

Lapidarschrift
Lapis (lateinisch): der Stein; frühe Steinschrift der Griechen und Römer

Lateinische Schrift
Aus der humanistischen Kursiven abgeleitete Schreibschrift; Unterrichtsschrift

Layout
Entwurf für die Anordnung von Text und Bild

Ligatur
Zusammenziehung von zwei oder drei Buchstaben zu einer Form

Majuskel
Großbuchstabe

Minuskel
Kleinbuchstabe

Paläographie
Handschriftenkunde

Papyrus
Schreibgrund aus dem Mark der Papyrusstaude

Pergament
Schreibgrund aus bearbeiteter Tierhaut

Literatur

Rotunda
Im 14. Jahrhundert in Südeuropa geschriebene, rund geformte gotische Schriftform

Schwabacher
Gebrochene Schriftform, die Anfang des 16. Jahrhunderts in Deutschland geschrieben wurde; Vorläuferin der Fraktur

Serife
Schmuck am oberen oder unteren Ende des Buchstabens

Sütterlinschrift
Von Sütterlin im 19. Jahrhundert entwickelte gebrochene Kurrentschrift; auch „deutsche" Schrift genannt; ehemalige Unterrichtsschrift

Textur(a)
Gitterartig geschriebene, gebrochene gotische Buchschrift des 13. bis 15. Jahrhunderts in Nordeuropa

Typographie
Gestaltung von Druckschriften

Unziale
Gerundete römische Buchschrift des 4. bis 5. Jahrhunderts; fand überwiegend für christliche Texte Verwendung

Vereinfachte Ausgangsschrift
Vereinfachung der lateinischen Schrift, löst diese als Unterrichtsschrift ab

Versal(ien)
Großbuchstabe(n)

Wechselzug
Durch ein abgeflachtes Schreibgerät erzeugte, unterschiedlich breite Strichführung eines Schriftzuges

Martin Andersch
Spuren Zeichen Buchstaben
Ravensburg 1988

Károly Földes-Papp
Vom Felsbild zum Alphabet
Stuttgart 1984

Christine Hartmann
Kalligraphie
Die Kunst des schönen Schreibens
Niedernhausen 1986

Hildegard Korger
Schrift und Schreiben
Leipzig 1986

Hans Eduard Meyer
Die Schriftentwicklung
The Development of Writing
Zürich 1984

Elmar Mittler (Herausgeber)
Bibliotheca Palatina. Katalog zur
Ausstellung 8. 7. – 2. 11. 86 in Heidelberg
Heidelberg 1986

Barbara Salberg-Steinhardt
Die Schrift
Geschichte Gestaltung Anwendung
Köln 1983

Jan Tschichold
Meisterbuch der Schrift
Ravensburg 1965

Ernst Ziegler/Jost Hochuli
Hefte zur Paläographie des 13. bis 20. Jahrhunderts aus dem Stadtarchiv (Vadiana)
St. Gallen (Nr. I–V)
Rorschach 1985–1987

Register

Ebenfalls von Ingrid Schade im FALKEN Programm:

„Hobby Aquarellmalen" (Nr. 876, mit Axel Brück)
Zum Thema „Kalligraphie" ist außerdem erschienen:
„Kalligraphie – Die Kunst des schönen Schreibens" (Nr. 4263)

ISBN 3 8068 1044 3

© 1990/1992 by Falken-Verlag GmbH, 6272 Niedernhausen/Ts.
Die Verwertung der Texte und Bilder, auch auszugsweise, ist ohne Zustim-
mung des Verlags urheberrechtswidrig und strafbar. Dies gilt auch für
Vervielfältigungen, Übersetzungen, Mikroverfilmung und für die Verarbei-
tung mit elektronischen Systemen.

Titel, grafische Gestaltung und Schriftzüge: Ingrid Schade, Hamburg;
Reinzeichnung „Schrift" S. 21: Ulrike Hoffmann, Bodenheim
Produktfoto Titel: Michael Zorn, Wiesbaden
Fotos: S. 12/13: ART TECH Photo-Design-Studio Gerhard Burock, Wies-
baden-Naurod; S. 57: Historia-Photo, Hamburg
Die Ratschläge in diesem Buch sind von der Autorin und vom Verlag sorg-
fältig erwogen und geprüft, dennoch kann eine Garantie nicht übernom-
men werden. Eine Haftung der Autorin bzw. des Verlags und seiner Beauf-
tragten für Personen-, Sach- und Vermögensschäden ist ausgeschlossen.
Satz: LibroSatz, Kriftel bei Frankfurt
Druck: Karl Neef GmbH & Co., Wittingen

817 2635 44